MUJERES SABIAS

Libros de Lydia Brownback publicados por Portavoz

Mujeres sabias: Enseñanzas del libro de Proverbios para la vida diaria

Soledad redimida: Nunca estás realmente sola, ¡Dios está siempre contigo!

"El libro de Proverbios es una mina de oro de sabiduría divina, y Lydia Brownback aplica tal sabiduría de manera muy práctica a los problemas que enfrentan las mujeres. Este es uno de esos libros no solo para leer, sino también para estudiar. Es un recurso valioso para utilizar en los estudios bíblicos para mujeres".

Jerry Bridges, autor de *En pos de la santidad*

"¡Si tan solo pudiéramos sentarnos frente a la mujer de Proverbios 31 vestida de lino y púrpura, para observar su fuerza interior, escuchar su risa confiada, admirar su temor reverente y adquirir su sabiduría! Eso es lo que las lectoras podemos hacer por medio de las páginas de *Mujeres sabias*, ya que nos invita a saciarnos de la fuente de la verdadera sabiduría —las Escrituras—, donde encontramos lo que necesitamos para vivir en un mundo lleno de distracciones, decisiones, dilemas, decepciones y placeres. Este libro se presta a mañanas tranquilas de reflexión personal, así como a vigorosos debates en un grupo de buenas amigas".

Nancy Guthrie, maestra de la Biblia; autora de *Santos y sinvergüenzas en la historia de Jesús* y *Bendición: Experimenta la promesa del libro de Apocalipsis*

"Es muy estimulante leer un libro que trata el tipo de cosas que toda mujer enfrenta desde una sola perspectiva: la asombrosa sabiduría de Dios. Con demasiada frecuencia, libros como este comienzan con creencias culturales que, al final, solo sirven para debilitar su eficacia. Solo la sabiduría de Dios puede ayudarnos a enfrentar las presiones y los engaños de la cultura que nos rodea, y a ser y vivir en la libertad para la que fuimos creados. Lee y experimenta la convicción y trascendencia de la sabiduría de Dios, al mismo tiempo que su solidez y coherencia".

Paul David Tripp, presidente de Paul Tripp Ministries; autor de *¿Realmente crees? 12 doctrinas históricas que cambiarán tu vida diaria*

"En una época en la que a menudo tendemos a conformarnos con sugerencias útiles o palabrería piadosa, este libro nos muestra la fuente de ese escaso bien preciado: la verdadera sabiduría. Lydia Brownback tiene la profunda comprensión y sutileza necesarias para que el libro de Proverbios cobre vida ante sus lectoras. Si tu corazón anhela una base sólida donde fundamentarte en medio de las corrientes cambiantes de tu vida cotidiana, aquí encontrarás una guía segura y un refrescante caudal de verdad".

Liam Goligher, pastor principal de Tenth Presbyterian Church, Filadelfia, Pensilvania; autor de *The Jesus Gospel*

"Lydia Brownback ha proporcionado a las mujeres un excelente recurso que les ayudará a descubrir la sabiduría del libro de Proverbios".

Josh Moody, pastor principal de College Church, Wheaton, Illinois; autor de *No Other Gospel*

"A la mitad del primer capítulo, pensé: *A mi esposa le encantaría este libro.* A la mitad del libro, pensé: *¡A mí me encanta este libro!* Mis razones son varias: el estudio del libro de Proverbios de Lydia Brownback es bíblico, práctico, claro, convincente, instructivo, transformador y cristocéntrico. Con sabiduría, gracia y frases cuidadosamente elaboradas, el estudio de Proverbios de Lydia Brownback ayuda a las mujeres (¡y a los hombres!) a descansar en la fuente de toda la sabiduría: Jesús. Ya verás que a ti también te 'encantará' este libro".

Doug O'Donnell, pastor principal de New Covenant Church, Naperville, Illinois; autor de *La belleza y el poder de la exposición bíblica*

"La belleza de los proverbios es que, por su propia naturaleza, son atemporales y eternos. El niño más pequeño puede memorizarlos y hacer una aplicación práctica acorde a su edad, mientras que el adulto mayor puede meditar en ellos y practicarlos durante toda su vida. En este maravilloso libro, Lydia Brownback aplica los proverbios a la mujer cristiana de hoy. Con una interpretación sensata y una aplicación práctica profunda a partes iguales, este libro ofrece esa misma sabiduría atemporal y eterna a una nueva generación de mujeres".

Tim y Aileen Challies, Grace Fellowship Church, Toronto, Canadá; Tim escribe en Challies.com

"De la sabiduría de Proverbios, Lydia Brownback extrae sabias aplicaciones prácticas para toda mujer. Su llamado claro y constante es a adoptar toda la sabiduría que Dios nos ha dado en Cristo".

Kathleen Nielson, directora de Iniciativas femeninas de The Gospel Coalition (Coalición por el Evangelio); conferencista; autora de *Mujeres & Dios: Preguntas difíciles. Hermosa Verdad*

MUJERES SABIAS

Enseñanzas del libro de Proverbios para la vida diaria

LYDIA BROWNBACK

La misión de *Editorial Portavoz* consiste en desarrollar y distribuir productos de calidad —con integridad y excelencia—, desde una perspectiva bíblica y confiable, que animen a las personas a conocer y servir a Jesucristo.

Título del original: *A Woman's Wisdom: How the Book of Proverbs Speaks to Everything*,

Traducción: Rosa Pugliese

Las cursivas en los versículos bíblicos son énfasis de la autors.

EDITORIAL PORTAVOZ
2450 Oak Industrial Drive NE
Grand Rapids, MI 49505 USA
Visítenos en: www.portavoz.com

ISBN 978-0-8254-5038-9 (rústica)
ISBN 978-0-8254-7150-6 (Kindle)
ISBN 978-0-8254-7151-3 (epub)

2 3 4 5 edición / año 33 32 31 30 29 28 27 26

Impreso en los Estados Unidos de América
Printed in the United States of America

Con gratitud a Dios
por
Jamie, Sam, Drew y Max

Que cada uno de ustedes conozca las bendiciones
de la sabiduría todos los días de sus vidas.

Bienaventurado el hombre que halla la sabiduría,
Y que obtiene la inteligencia;
Porque su ganancia es mejor que la ganancia de la plata,
Y sus frutos más que el oro fino.
Más preciosa es que las piedras preciosas;
Y todo lo que puedes desear, no se puede comparar a ella.

—Proverbios 3:13-15

CONTENIDO

PREFACIO

¿Qué te llevó a elegir este libro? Seguramente, algo en el concepto de la sabiduría te despierta interés. Te cautiva el corazón.

Es verdad que hay cierta sabiduría que solo la edad puede conferir, pero desvinculada de Dios y su Palabra, incluso tal sabiduría debe ser sospechosa. Eso se debe a que no hay sabiduría verdaderamente confiable, a no la ser de Dios. Conocerlo y confiar en Él *es* de sabios. La forma de adquirir la sabiduría no se halla en vivir muchos años. Tampoco se halla en hacer todo lo posible por seguir los caminos de la sabiduría presentados en el libro de Proverbios. Incluso aunque fuéramos capaces de seguir esos caminos (que no lo somos), no lograríamos adquirir la verdadera sabiduría. Solo se halla en Cristo.

> Pues mirad… vuestra vocación, que no sois muchos sabios según la carne, ni muchos poderosos, ni muchos nobles; sino que lo necio del mundo escogió Dios, para avergonzar a los sabios; y lo débil del mundo escogió Dios, para avergonzar a lo fuerte; y lo vil del mundo y lo menospreciado escogió Dios, y lo que no es, para deshacer lo que es, a fin de que nadie se jacte en su presencia. Mas por él estáis vosotros en Cristo Jesús, el cual nos ha sido hecho por Dios sabiduría (1 Co. 1:26-30).

¿Conoces a Cristo? Si realmente lo conoces, le perteneces. No podría ser de otra manera. Si la lectura de este libro solo te dejara una cosa, que sea esta verdad: Jesús nos ha sido hecho por Dios sabiduría.

Dado que el libro de Proverbios nos ofrece una guía poética de cómo Dios ha diseñado que funcione el mundo, seguir cada día sus instrucciones prácticas, sin duda, hará que tu vida sea más agradable. Sin embargo, si no lo asociamos a su fuente divina, incluso esto resultará en vano. Eso es lo que descubrió el rey Salomón, el autor principal del libro de Proverbios.

En sus mejores días, el rey Salomón fue verdaderamente el más sabio de los hombres. Aún joven y recién coronado rey, oró por la capacidad de gobernar el pueblo de Dios con sabiduría, y Dios le respondió poderosamente, tanto así que "toda la tierra procuraba ver la cara de Salomón, para oír la sabiduría que Dios había puesto en su corazón" (1 R. 10:24). Personas de todo el mundo conocido venían para oír su consejo. Sin embargo, con el tiempo, Salomón comenzó a poner su corazón en las recompensas terrenales de su sabiduría y no en la fuente de esta, y fue así como este hombre, el más sabio de todos, hizo cosas terriblemente insensatas. Lo mismo nos sucederá a nosotras si tratamos de usar el libro de Proverbios como un medio espiritual para nuestra superación personal.

El objetivo de Proverbios no es que tengamos una vida mejor, aunque seguir sus instrucciones, en términos generales, nos ayudará a vivir mejor. El objetivo del libro es llevarnos al Dador de la sabiduría. Jesús declaró en una referencia a sí mismo: "La reina del Sur se levantará en el juicio con esta generación, y la condenará; porque ella vino de los fines de la tierra para oír la sabiduría de Salomón, y he aquí más que Salomón en este lugar" (Mt. 12:42).

La sabiduría es una persona, y sabias nos convertimos al estar en unión con Él. Las consecuencias de la sabiduría —su fruto—, que veremos en los siguientes capítulos, están todas cimentadas en esta verdad. Me hago eco de la esperanza del apóstol Pablo:

> para que sean consolados [nuestros] corazones, unidos en amor, hasta alcanzar todas las riquezas de pleno entendimiento, a fin de conocer el misterio de Dios el Padre, y de Cristo, en quien están escondidos todos los tesoros de la sabiduría y del conocimiento (Col. 2:2-3).

Lydia Brownback
Mayo, 2011

INTRODUCCIÓN

Los libros de consejos prácticos no son una tendencia pasajera. Continúan encabezando las listas de los más vendidos, y las nuevas publicaciones de este tipo de libros tienen cientos de clics por día en los carritos de compra de Amazon. Es improbable que la popularidad de tales libros disminuya, aunque la "sabiduría" de gran parte de lo que se ofrece es transitoria y resulta superficial a largo plazo. Los libros de consejos prácticos no serían tan populares si simplemente se aceptara la sabiduría de los caminos de Dios. Y cada vez que se rechazan los caminos de Dios (el consejo de las Escrituras), resultan atractivas otras alternativas que incluso son superficiales.

El problema para muchas de nosotras es que queremos una fórmula: tres sencillos pasos para tener una buena vida. En medio de vidas con horarios meticulosos, es mucho más fácil ir a McDonald's, que preparar una cena bien balanceada. Por la misma razón, a menudo es mucho más fácil procesar una lectura rápida de nuestro problema actual, que tomarnos el tiempo de profundizar en la Palabra de Dios. No "tenemos tiempo" para conocer a Dios. Tal vez mañana, pensamos; hoy solo queremos algunas recomendaciones sobre cómo minimizar el estrés, equilibrar la economía familiar y hacer que los niños se porten bien.

Un vistazo al libro de Proverbios nos muestra precisamente lo que parecemos necesitar: consejos breves y concisos como mensajes al estilo Twitter. Sin embargo, si leemos Proverbios con una mentalidad de solución rápida, pasaremos por alto el objetivo principal del libro: conocer y aprender a amar al Autor de la sabiduría. Solo mediante el conocimiento y el amor a Dios, lo que Proverbios denomina "el temor del SEÑOR" (Pr. 1:7, NBLA), entenderemos cómo practicar sus instrucciones.

Las mujeres necesitamos consejos prácticos para la vida, pero más que eso, necesitamos poner nuestro corazón en Aquel que gobierna todos los aspectos prácticos de nuestra vida. El libro de Proverbios proporciona ambas cosas. Su sabiduría es atemporal. Aunque Proverbios se escribió para personas en particular, principalmente para los hombres jóvenes del antiguo Israel, su sabiduría y la necesidad de adquirirla son las mismas en todas las épocas tanto para hombres como para mujeres. Lo que cambia son las circunstancias donde aplicarlas. Puede que no enfrentemos las mismas dificultades que las mujeres de la antigüedad, pero sí enfrentamos retos muy reales:

- practicar la feminidad bíblica en un mundo que nos desprecia por ello;
- mantenernos sexualmente puras en una sociedad saturada de sexo;
- manejar sabiamente nuestra libertad, independencia y recursos materiales;
- conservar un matrimonio que glorifique a Dios;
- poner las prioridades bíblicas por encima de las presiones de cada día.

Algunas pueden sorprenderse de saber que Proverbios aborda todas estas cosas. De hecho, no hay área para la cual necesitemos sabiduría, que Proverbios no aborde. Eso se debe a que toda la sabiduría se resume en lo siguiente: "El temor de Jehová es el principio de la sabiduría, y el conocimiento del Santísimo es la inteligencia" (9:10; ver también 1:7). Una vez que entendemos esto, y lo aceptamos, estamos preparadas para seguir los consejos prácticos.

Tienes en tus manos un libro para mujeres sobre la sabiduría extraído del libro de Proverbios. Encontrarás nueve capítulos que puedes leer sola o en un grupo pequeño. Lo que veremos al estudiar Proverbios es que toda la verdadera sabiduría surge del temor del Señor.

Parte 1, "¿Qué es la sabiduría y por qué es importante?", se basa en los capítulos 1–3 y 8–9 de Proverbios. Aquí examinaremos por qué buscar la sabiduría bíblica, lo que Proverbios llama "el temor del Señor [o de Jehová]", es el llamado principal de toda mujer cristiana. Las mujeres sabias son aquellas que:

- reconocen la soberanía de Dios sobre todo lo que sucede;
- se someten a la disposición de Dios para el mundo;
- valoran a Cristo por encima de todo;
- confían en la bondad del carácter de Dios;
- guardan su corazón en la verdad bíblica.

Una de las formas en que Proverbios nos muestra las bendiciones de la sabiduría es al contrastarla con la necedad. Por eso veremos no solo las características de las personas sabias, sino también de las necias.

Parte 2, "Seis cosas que las mujeres sabias conocen", aplica la sabiduría bíblica a seis aspectos de la vida de una mujer: (1) sus palabras, (2) sus amistades, (3) sus apetitos físicos, (4) sus emociones, (5) su dinero y (6) su sexualidad.

Parte 3, "Un retrato de la sabiduría", ofrece una ilustración bíblica de todo lo que estudiaremos en Parte 1 y Parte 2. El énfasis aquí está en la mujer de Proverbios 31:10-31. Algunas mujeres se sienten intimidadas por esta mujer o la descartan, pero veremos por qué no es en absoluto intimidante. Comprender cómo encaja esta mujer en la enseñanza de Proverbios en su conjunto disipa cualquier intimidación y puede inspirar a amar la sabiduría de una manera particularmente femenina. Es mi deseo que podamos ser cada vez más como ella por el bien de nuestras familias, nuestras iglesias y nuestras comunidades, y para la gloria de Dios.

Al final de cada capítulo encontrarás una guía de estudio. Puedes usarla mientras lees el libro sola o para debatir en grupos pequeños. Una de las preguntas en cada capítulo está marcada con ❀. Estas preguntas requieren un estudio más profundo y llevará un poco más de tiempo responderlas. Si necesitas más espacio para completar las preguntas, puedes descargar e imprimir de forma gratuita un ejemplar más grande de la guía de estudio de todos los capítulos en portavoz.com/mujeres-sabias.

> Y si alguno de vosotros tiene falta de sabiduría, pídala a Dios, el cual da a todos abundantemente y sin reproche, y le será dada (Stg. 1:5).

PARTE 1

¿QUÉ ES LA SABIDURÍA Y POR QUÉ ES IMPORTANTE?

CAPÍTULO 1

¿QUÉ ES EXACTAMENTE LA SABIDURÍA?

Como mujeres cristianas del siglo XXI, probablemente no enfrentemos muchas de las complejas dificultades que enfrentaron las mujeres israelitas de la antigüedad. Basta pensar en la reina Ester, que tuvo que aprender a llevarse bien en un harén de mujeres, cuyo único llamado era complacer al rey con su belleza. Incluso después que Ester se convirtió en reina, el costo de desagradar a su esposo-rey era la muerte. Otras mujeres del Antiguo Testamento tuvieron que lidiar con la esclavitud, como Agar, y compartir marido con otra mujer, como Raquel y Lea.

Nuestros problemas, si bien, en su mayor parte, no representan tanto peligro para la vida, plantean tremendos desafíos para los cuales necesitamos la misma sabiduría que necesitaban las mujeres de la antigüedad. Sin embargo, queremos hacer más que minimizar el estrés y evitar dificultades innecesarias; también queremos agradar a Dios en cada aspecto de nuestra vida. En esto difiere radicalmente la sabiduría bíblica de la terrenal. La sabiduría del mundo se centra en cómo la gente puede complacerse a sí misma y maximizar cada disfrute. La sabiduría de Proverbios *no* es indiferente a que disfrutemos de la vida como un regalo de Dios. Lo hermoso de esto es que cuando ponemos en práctica la sabiduría de Proverbios, descubrimos que los caminos de Dios funcionan a un nivel muy práctico; la vida tiende a ser más fácil. Cuando esto sucede, Dios se manifiesta como el Omnisciente, y es glorificado.

Esta es la sabiduría que necesitamos. La necesitamos para saber cómo ser amas de casa en un mundo que se opone a ello. La necesitamos para saber cómo estar solteras cuando no queremos estarlo. La necesitamos para vivir una vida piadosa en una cultura que no pone límite a las libertades, la independencia y el nivel económico. (Las dificultades económicas en Occidente no se comparan con las de otras partes del mundo). Necesitamos la sabiduría de Proverbios para saber cómo vivir de manera bíblica cuando estamos inmersas en una cultura que ofrece opciones de entretenimiento superficiales y divorcio fácil. La necesitamos para tomar buenas decisiones sobre cómo educar a nuestros hijos y cómo navegar por nuestro creciente mundo virtual en la Internet.

Vamos a abordar todo eso, pero antes que podamos ver cómo aplicar la sabiduría de Proverbios a nuestra situación individual de vida, necesitamos ver exactamente a qué se refiere la Biblia cuando habla de *sabiduría*. ¿De dónde viene la sabiduría? Proverbios explica claramente:

> El temor de Jehová es el principio de la sabiduría,
> Y el conocimiento del Santísimo es la inteligencia
> (Pr. 9:10, ver también 1:7).

Lógicamente, eso nos lleva a preguntar: ¿Qué es el temor del Señor? Los pastores afirman que significa "temor reverencial"; pero si siempre significa eso, ¿por qué no utilizamos simplemente la palabra *temor reverencial* ("temor reverencial del Señor") en lugar de la palabra *temor*? Pues bien, el hebreo de esta palabra *temor* significa tanto "pavor" como "reverencia". Sin embargo, el aspecto del *pavor* tiende a minimizarse porque es difícil conciliar la idea del temor con un Dios amoroso. Aun así, creo que nos apresuramos a descartar el aspecto del pavor en "el temor del Señor". Si leemos atentamente las Escrituras, veremos que a veces el temor significa exactamente eso: temor.

Consideremos el caso del profeta Isaías, que después de ver a Dios exclamó: "¡Ay de mí! que soy muerto" (Is. 6:5). Su visión de Dios, por supuesto, no le despertó sentimientos de felicidad.

Luego tenemos el ejemplo de María, la madre de Jesús. Cuando el ángel Gabriel vino y le dijo: "¡Salve, muy favorecida! El Señor es contigo; bendita tú entre las mujeres", ella se inquietó por sus palabras, lo que hizo que el ángel le dijera: "María, no *temas*, porque has hallado gracia delante de Dios" (Lc. 1:26-30).

También tenemos el ejemplo de Moisés. Cuando llegó a la zarza ardiente, Dios lo llamó desde en medio de la zarza y le dijo: "¡Moisés, Moisés!... No te acerques; quita tu calzado de tus pies, porque el lugar en que tú estás, tierra santa es... Entonces Moisés cubrió su rostro, porque tuvo *miedo* de mirar a Dios" (Éx. 3:4-6). Entonces vemos que el temor a veces es reverencia mezclada con pavor.

Lo interesante es que Isaías, María y Moisés experimentaron temor como resultado de que Dios se acercara a ellos. Es evidente que quienes excepcionalmente se acercaron a Dios experimentaron temor en el proceso. ¿Por qué sucede esto si nuestro Dios es un Dios bueno y amoroso? Esta es la razón: cuando las personas pecadoras se acercan verdaderamente a Dios, ven más acerca de quién es Él realmente: es santo, además de amoroso. De hecho, su santidad es parte integrante de su misericordioso amor, no está separada de este. Cuanto más nos acerquemos a Dios, más veremos la realidad de quién es Él y quiénes somos nosotros en relación con Él. Entonces, si eres una de las que ha experimentado ese tipo de temor (ese tipo de pavor), debes verlo como una buena noticia, no como una mala noticia, porque es el tipo de temor que te lleva a una verdadera comprensión de tu necesidad de Cristo.

Este reconocimiento de nuestro pecado ante un Dios santo es lo que nos hace anhelar ardientemente al Salvador, y cuando nos acerquemos a Él para satisfacer ese anhelo, iremos más allá de entender las doctrinas de la fe cristiana en nuestra mente para vivirlas en nuestro corazón con profundo gozo. Por todo esto, el principio de la sabiduría es el temor del Señor, porque la verdadera sabiduría se encuentra solo en Cristo. La sabiduría es la comprensión de que Él es todo.

Después de ser guiados a Cristo por medio de este tipo de temor, podemos comprender el tipo de pavor y reverencia que utilizan los pastores para describir el temor del Señor. Podemos conocer a Dios como bondadoso, sabio, paternal, santo, poderoso, omnisciente y compasivo *solo en Cristo*. Esta visión de Dios es la que inspira nuestro temor reverente y nuestra búsqueda de una vida sabia o, dicho de otra manera, la santidad. Un pastor sabio nos pidió que consideráramos lo siguiente:

> ¿Es el temor del Señor un concepto que paraliza el alma y daña la psique que para nuestra era progresista ha quedado obsoleto? La Palabra de Dios declara que es una fuerza poderosa, que purifica y trae convicción al alma de pensamientos y acciones pecaminosas y equivocadas (Sal. 19:8, 9). Seamos sinceros y preguntémonos: ¿Cuántos malos pensamientos y actos pecaminosos serían erradicados en nuestra vida si tuviéramos un temor y amor correctos por nuestro Dios? El correcto temor del Señor es un bien preventivo. Nos impide caer en pecado, nos impide alimentar el pecado y nos levanta del pecado cuando caemos en él. El temor del Señor es, positivamente, el colmo de la sabiduría (Pr. 1:7), no una superstición mala y dañina.[1]

Entonces, con eso en mente, veamos lo que significa vivir sabiamente. ¿Qué es vivir con sabiduría?

Vivir con sabiduría es hacer girar nuestra vida alrededor de Dios y no de nosotras mismas. Las mujeres sabias están centradas en Dios, no en sí mismas. Cuando hacemos girar nuestra vida alrededor de Dios,

---

1. William Harrell, "The Fear of God", https://banneroftruth.org/uk/resources/articles/2002/the-fear-of-the-lord/.

nuestros gustos e intereses cambian, entonces amamos cada vez más lo que Dios ama y aborrecemos lo que Él aborrece:

> El temor de Jehová es aborrecer el mal (Pr. 8:13).

Vivir sabiamente también es amar la justicia. Ahora bien, ¿la amamos? Si somos sinceras, debemos admitir que, incluso como mujeres cristianas, algunas no aborrecemos el pecado. ¿Por qué lo continuaríamos practicando? Aborrecemos los efectos horribles del pecado que vemos en el mundo, en nuestros hijos y en nuestras propias vidas, pero solo aborreceremos el pecado en sí a medida que crezcamos en el temor del Señor.

Características de la sabiduría

Ahora que hemos establecido de dónde proviene la verdadera sabiduría —del temor del Señor—, podemos echar un vistazo más provechoso a algunas de las características particulares de la sabiduría.

1) La sabiduría es clara

La sabiduría es clara; en otras palabras, no es difícil de hallar o entender:

> Justas son todas las razones de mi boca;
> No hay en ellas cosa perversa ni torcida.
> Todas ellas son rectas al que entiende,
> Y razonables a los que han hallado sabiduría (Pr. 8:8-9).

He descubierto que eso es cierto para algunas cosas —podrías estar pensando—, *pero la Biblia no da respuestas claras para todo.* ¿Cómo es la sabiduría "recta" cuando se trata de las áreas grises de la vida? A veces estamos tentadas a hacernos esa pregunta, pero como es la Biblia la que dice que todas las palabras sabias son rectas, debe de ser verdad. El problema es la forma en que utilizamos las Escrituras para buscar la sabiduría. Queremos abrir la Biblia y encontrar un versículo que hable directamente de nuestro problema y nos ofrezca una solución. Sin embargo, no es así como adquirimos sabiduría. Descubrir que la sabiduría es "recta" proviene de sumergirnos en las Escrituras —de tapa a tapa, no solo en un pasaje aquí y allá—, y al hacerlo, recibimos comprensión sobre todo en la vida. Si nos hacemos el hábito de sumergirnos en las Escrituras, cuando nos enfrentemos a una de las difíciles situaciones de la vida, descubriremos que la sabiduría que tan desesperadamente necesitamos es más fácil de obtener. Sin dudas, la sabiduría es clara, pero su claridad no viene en una especie de tres sencillos pasos. Cuanto más nos empapemos de la Palabra de Dios, más seremos capaces de apropiarnos de la sabiduría que necesitamos para cada circunstancia.

A veces, a pesar de sumergirnos profundamente en las Escrituras, orar mucho y buscar un consejo piadoso, seguimos estando perplejas sin saber qué hacer. Sin embargo, eso no significa que la sabiduría bíblica no sea clara. ¡Sino que aún no hemos podido entenderla con claridad! En esos momentos, lo único que tenemos que hacer es esperar.

En otras ocasiones, nosotras mismas podemos ser de estorbo al estar confundidas de la sabiduría que necesitamos. Una vez, hace años, el pastor Donald Gray Barnhouse estaba trabajando en su oficina privada cuando escuchó un golpe en la puerta. Era su hija, y la invitó a entrar. Había ido a pedirle permiso para hacer algo que tenía muchas ganas de hacer. Después de escucharla, el Dr. Barnhouse le negó el permiso, y siguió trabajando. Unos minutos más tarde, se sorprendió al levantar la vista y ver a su hija todavía de pie frente a su escritorio.

—¿Qué estás haciendo? —le preguntó.

—Estoy esperando que me digas qué hacer —respondió ella.

—Hagas lo que hagas, no estás esperando que te diga qué hacer. Ya te he dicho lo que quiero que hagas, y no te gusta. Lo que realmente estás haciendo es esperar a ver si cambio de opinión —le dijo.[2]

---

2. James Montgomery Boice, mi anterior pastor, relató esta historia en sus propios escritos, que es donde supe de ella.

¿No hacemos lo mismo a veces? En cierta medida, sabemos lo que Dios quiere que hagamos, cuál es el proceder sabio; pero no nos gusta, entonces nos confundimos y alegamos que no sabemos qué hacer. Si, por más que lo intentemos, no podemos entender qué agradaría al Señor en una situación dada, ¿podría ser este el problema? Vale la pena averiguarlo. Si descubrimos que es así y luego nos arrepentimos, es probable que nos sorprenda lo pronto que obtendremos la respuesta que hemos estado buscando todo el tiempo.

2) La sabiduría está cerca

La sabiduría no solo es clara, sino que también está cerca. En otras palabras, la sabiduría siempre está disponible:

> ¿No clama la sabiduría,
> Y da su voz la inteligencia?
> En las alturas junto al camino,
> A las encrucijadas de las veredas se para;
> En el lugar de las puertas, a la entrada de la ciudad,
> A la entrada de las puertas da voces (Pr. 8:1-3).

Dios no es reacio a darnos sabiduría. De hecho, se deleita en dejarla en claro para nosotras.

> Volveos a mi reprensión;
> He aquí yo derramaré mi espíritu sobre vosotros,
> Y os haré saber mis palabras (Pr. 1:23).

Dios dijo por medio de Moisés: "Porque este mandamiento que yo te ordeno hoy no es demasiado difícil para ti, ni está lejos. No está en el cielo, para que digas: ¿Quién subirá por nosotros al cielo, y nos lo traerá y nos lo hará oír para que lo cumplamos? Ni está al otro lado del mar, para que digas: ¿Quién pasará por nosotros el mar, para que nos lo traiga y nos lo haga oír, a fin de que lo cumplamos? Porque muy cerca de ti está la palabra, en tu boca y en tu corazón, para que la cumplas" (Dt. 30:11-14). Descubriremos que está "muy cerca" cuando hagamos lo que Moisés dijo justo antes de esas palabras: "Cuando te convirtieres a Jehová tu Dios con todo tu corazón y con toda tu alma..." (v. 10). El problema a veces no es que nos falta sabiduría, sino que en realidad no la queremos.

3) La sabiduría es agradable

Decir que la sabiduría es "agradable" sería subestimarla. *Agradable* es una palabra que asociamos con los placeres menores de la vida, como una taza de té en una tarde lluviosa; es agradable, pero aun así deseamos que salga el sol. Sin embargo, la palabra utilizada aquí en Proverbios no pretende transmitir un placer menor. Piénsalo más en términos de esa sensación de estar en la cima del mundo, que experimentas en medio de uno de esos raros días sin problemas.

> Sus caminos son caminos deleitosos,
> Y todas sus veredas paz (Pr. 3:17; ver también 2:10).

La única forma de considerar que los caminos de Dios *no* son agradables es estar centradas en nosotras mismas y no en Dios, buscar nuestros propios intereses en vez de buscar a Cristo, exaltarnos a nosotras mismas en lugar de exaltar a Cristo. Todo se reduce a quien dirige nuestra vida.

4) La sabiduría es primordial

Comprometernos a la búsqueda de la sabiduría es en sí un paso sabio.

> Sabiduría ante todo; adquiere sabiduría;
> Y sobre todas tus posesiones adquiere inteligencia (Pr. 4:7).

Las mujeres sabias se rigen por los principios de la Palabra de Dios, no por sus sentimientos, hormonas o gustos. Parece simple, pero en realidad es bastante difícil, porque tendemos a reducir las dos cosas a una sola. En otras palabras, equiparamos la sabiduría con lo que sea que nos haga sentir mejor. Fijamos la brújula de nuestra vida hacia las circunstancias que parecen más felices, bajo la suposición de que es el camino más sabio. La dificultad se expone al pensar así: "Será mejor para los niños que nos divorciemos, ya que peleamos todo el tiempo cuando estamos juntos". "Para estar emocionalmente saludable, mi consejera dice que tengo que dar rienda suelta a mi ira". "He estado muy deprimida últimamente, así que este viaje a Belice es imprescindible, aunque me atrase con el pago de la hipoteca". Ese tipo de sabiduría no proviene de Dios, sino de nuestras pasiones naturales. Sin embargo, cuanto más nos caractericemos por el temor del Señor, menos probable será que confundamos la mundanalidad con la sabiduría.

5) La sabiduría es hospitalaria

En Proverbios 9, encontramos una invitación a una cena, cuya anfitriona es la sabiduría. Si eres como yo, te puedes identificar con esta escena. A muchas de nosotras nos encanta todo lo relacionado con preparar una comida especial para los que amamos. Nos deleitamos en decidir qué servir y cómo poner la mesa, y cuando llega el día de la fiesta, nos despertamos con expectación. Antes que nada, por supuesto, debemos enviar la invitación. ¿Qué amigos especiales incluiremos? La invitación de la sabiduría difiere de la nuestra en que va dirigida a aquellos que aún no son amigos:

> Mató sus víctimas, mezcló su vino,
> Y puso su mesa.
> Envió sus criadas;
> Sobre lo más alto de la ciudad clamó.
> Dice a cualquier simple: Ven acá.
> A los faltos de cordura dice:
> Venid, comed mi pan,
> Y bebed del vino que yo he mezclado.
> Dejad las simplezas, y vivid,
> Y andad por el camino de la inteligencia (Pr. 9:2-6).

La sabiduría invita a los necios a cenar, y aquellos que acepten la invitación cenarán con la inteligencia. Encontramos otras invitaciones en las Escrituras que nos dan una imagen bíblica más completa de esta invitación de Proverbios. Aquí hay una del profeta Isaías: "A todos los sedientos: Venid a las aguas; y los que no tienen dinero, venid, comprad y comed. Venid, comprad sin dinero y sin precio, vino y leche. ¿Por qué gastáis el dinero en lo que no es pan, y vuestro trabajo en lo que no sacia? Oídme atentamente, y comed del bien, y se deleitará vuestra alma con grosura" (Is. 55:1-2). Y la imagen más completa de todas sale de la boca del mismo Jesús: "Yo soy el pan de vida; el que a mí viene, nunca tendrá hambre; y el que en mí cree, no tendrá sed jamás" (Jn. 6:35).

La imagen bíblica completa revela que aceptar la invitación de la sabiduría significa venir a Cristo. Los primeros hombres jóvenes que leyeron los proverbios no tenían la imagen completa que nosotras tenemos, pero entendieron que seguir la sabiduría conduce a la vida.

¿Cómo?

Tan pronto como venimos a Cristo, se nos invita a la cena, y comienza la fiesta. Tenemos el pan de vida. Suena magnífico, pero ¿qué significa exactamente que Jesús es "el pan de vida"? Creemos que es verdad, pero, si somos sinceras, muchas de nosotras no entendemos cabalmente lo que significa. Estudiar el libro de Proverbios es una buena manera de comprenderlo. La única forma de abordar con éxito las recomendaciones de la sabiduría práctica que predominan en el libro, a partir del próximo capítulo (Pr. 10), es estar en Cristo y unir nuestros esfuerzos a Él, el hombre sabio perfecto, a quien Dios ha "hecho" nuestra sabiduría.[3] De modo que, cuando nos sentamos a participar de la fiesta de la sabiduría, lo hacemos en Cristo, que es lo que Jesús quiso decir cuando declaró: "Yo soy el pan de vida; el que a mí viene, nunca tendrá hambre; y el que en mí cree, no tendrá sed jamás".

---

3. Uno de los mejores libros para leer sobre todo lo que Jesús ya ha hecho por nosotros es Dominic Smart, *When We Get It Wrong: Peter, Christ and Our Path Through Failure* (Carlisle: Authentic, 2005).

Guarda tu corazón

El primer paso práctico en el camino hacia la sabiduría incluye a nuestro corazón:

> Sobre toda cosa guardada, guarda tu corazón;
> Porque de él mana la vida (Pr. 4:23).

Con demasiada frecuencia, este versículo se aplica a las relaciones románticas, lo que pasa por alto el énfasis central. Sin duda, es cierto que cuidar nuestro corazón en una relación romántica siempre es sabio, pero este versículo en realidad tiene que ver con cuidar nuestro corazón en el temor del Señor. Si queremos convertirnos en mujeres cada vez más centradas en Dios, es fundamental que vigilemos de cerca todo lo que pueda ejercer influencia en nosotras.

Una forma de guardar nuestro corazón es estar alerta a la tentación del pecado que se nos presenta por medio de quienes no temen al Señor:

> Oye, hijo mío, la instrucción de tu padre,
> Y no desprecies la dirección de tu madre;
> Porque adorno de gracia serán a tu cabeza,
> Y collares a tu cuello.
> Hijo mío, si los pecadores te quisieren engañar,
> No consientas.
> Si dijeren: Ven con nosotros;
> Pongamos asechanzas para derramar sangre,
> Acechemos sin motivo al inocente;
> Los tragaremos vivos como el Seol,
> Y enteros, como los que caen en un abismo;
> Hallaremos riquezas de toda clase,
> Llenaremos nuestras casas de despojos;
> Echa tu suerte entre nosotros;
> Tengamos todos una bolsa.
> Hijo mío, no andes en camino con ellos.
> Aparta tu pie de sus veredas,
> Porque sus pies corren hacia el mal,

> Y van presurosos a derramar sangre.
> Porque en vano se tenderá la red
> Ante los ojos de toda ave;
> Pero ellos a su propia sangre ponen asechanzas,
> Y a sus almas tienden lazo.
> Tales son las sendas de todo el que es dado a la codicia,
> La cual quita la vida de sus poseedores (Pr. 1:8-19).

Debemos estar alertas a la tentación del pecado, pero también debemos alejarnos de él. Las mujeres sabias evitan los malos consejos; no se detienen a pensar en los pros y contras de ceder. Ese es el error que cometió Eva. Cuando la serpiente vino a ella en el huerto de Edén para seducirla, ella no rechazó su consejo; se quedó pensando en eso y entabló una conversación con la serpiente. Y Proverbios 1:8-19 expone lo que reside en el corazón de aquellos que andan en caminos impíos: codicia por satisfacer sus deseos carnales.

Otra forma de guardar nuestro corazón es discernir a quién le pedimos consejos y cuáles seguimos. Eso no significa cerrar nuestros oídos para no escuchar nunca el consejo de un incrédulo. Dios ha dotado a toda la humanidad con dones y talentos particulares para el bien de su creación. Si lo que necesitamos es un consejo médico, debemos buscar el mejor consejo que podamos recibir, ya sea que provenga de un creyente o de un incrédulo. Lo mismo sucede a la hora de necesitar asesoramiento u orientación financiera sobre bienes raíces o cualquier otra cosa, siempre que el experto tenga una reputación de integridad. Al mismo tiempo, además de la experiencia, las mujeres sabias nunca aceptarán ningún consejo que vaya en contra de los principios bíblicos.

Debemos ser diligentes en guardar nuestro corazón, "porque de él mana la vida". Las decisiones que tomamos, para bien o para mal, están determinadas por nuestro corazón. Jesús dijo que "del corazón salen los malos pensamientos, los homicidios, los adulterios, las fornicaciones, los hurtos, los falsos testimonios, las blasfemias" (Mt. 15:19). Podría parecer que las causantes de nuestras decisiones pecaminosas son las influencias externas o circunstancias adversas, pero el único causante que siempre nos lleva a pecar es nuestro corazón. Como escribió el apóstol Santiago: "Cada uno es tentado, cuando de su propia concupiscencia es atraído y seducido" (Stg. 1:14).

A la luz de esto, no tendríamos ninguna posibilidad si no fuera por nuestra unión con Cristo. Sin embargo, en esa unión, por medio del Espíritu Santo que habita en nosotros, nuestro corazón se transforma progresivamente, tal como Jesús prometió: "...el agua que yo le daré será en él una fuente de agua que salte para vida eterna" (Jn. 4:14). Esta fuente de agua salta y se convierte en elecciones piadosas. Para vivir sabiamente, primero debemos tomar tal decisión, y, en Cristo, podemos hacerlo. De manera que seguir el camino de los necios es innecesario y siempre resulta en sufrimiento y pesar:

> Por cuanto aborrecieron la sabiduría,
> Y no escogieron el temor de Jehová,
> Ni quisieron mi consejo,
> Y menospreciaron toda reprensión mía,
> Comerán del fruto de su camino,
> Y serán hastiados de sus propios consejos (Pr. 1:29-31).

Cultiva la humildad

Otra forma de crecer en sabiduría es cultivar la humildad. Proverbios 2:6 señala que, de la boca de *Dios*, no de nuestra boca, proviene la sabiduría y el entendimiento. Una actitud de humildad reconoce que cualquier sabiduría real que adquiramos viene solo por medio de nuestra unión con Cristo. Dado que Cristo es, en sí mismo, la sabiduría de Dios, ¿cómo podría nuestra sabiduría tener otra fuente? Cuando tenía veinte años, pensaba que lo sabía todo. Cuando cumplí los treinta, me di cuenta de que había algunas cosas que aún no sabía. No fue hasta los cuarenta años que me di cuenta de que en realidad sé muy poco. A menudo sucede que cuanto más envejecemos, más nos damos cuenta de lo poco que sabemos, y tal vez eso sea un indicador de que finalmente, por la gracia de Dios, estamos comenzando a crecer en sabiduría.

Tal vez sepas de lo que estoy hablando por experiencia personal o lo veas en el mundo que te rodea. Solo piensa en tus viajes recientes por la carretera. ¿Has notado que los jóvenes tienden a tomar mayores riesgos mientras conducen? Cuando un automóvil pasa como una bala a 140 km/h, la mayoría de las veces el conductor, que golpetea frenéticamente con los dedos un teclado portátil en miniatura, tiene menos de veinticinco años. Tal descarado desprecio por las leyes de tránsito no tiene que ver tanto con una deliberada burla de la autoridad, sino con la creencia errónea de que no les pasará nada. Sin embargo, no importa nuestra edad, creer que tenemos el control de nuestro entorno o de nuestras circunstancias es la antítesis de la humildad. En cambio, la humildad es:

> Fíate de Jehová de todo tu corazón,
> Y no te apoyes en tu propia prudencia.
> Reconócelo en todos tus caminos,
> Y él enderezará tus veredas.
> No seas sabio en tu propia opinión;
> Teme a Jehová, y apártate del mal (Pr. 3:5-7).

Jeremías era un hombre sabio, pero también humilde, como lo demuestra su oración: "Conozco, oh Jehová, que el hombre no es señor de su camino, ni del hombre que camina es el ordenar sus pasos" (Jer. 10:23). La humildad es un requisito previo para la sabiduría, que es a lo que Jesús se refería cuando dijo: "Bienaventurados los pobres en espíritu, porque de ellos es el reino de los cielos" (Mt. 5:3). Confiar en nosotras mismas en vez de confiar en el Señor conduce inevitablemente al caos y la confusión, razón por la cual Santiago escribió: "¿Quién es sabio y entendido entre vosotros? Muestre por la buena conducta sus obras en sabia mansedumbre... Porque donde hay celos y contención, allí hay perturbación y toda obra perversa" (Stg. 3:13, 16). Observa la asociación que hace Santiago entre la humildad (mansedumbre) y la sabiduría piadosa. También establece un vínculo entre la contención y la sabiduría terrenal, lo que conduce a la obra perversa del enemigo. La perturbación continua en nuestro corazón, nuestra mente y nuestra vida bien puede ser un indicio de falta de humildad.

El salmista nos muestra la actitud que caracteriza todo lo que las mujeres sabias planifican y hacen: "He aquí, como los ojos de los siervos miran a la mano de sus señores, y como los ojos de la sierva a la mano de su señora, así nuestros ojos miran a Jehová nuestro Dios, hasta que tenga misericordia de nosotros" (Sal. 123:2). Proverbios lo expresa de la siguiente manera:

> Hijo mío, no se aparten estas cosas de tus ojos;
> Guarda la ley y el consejo,
> Y serán vida a tu alma,
> Y gracia a tu cuello (Pr. 3:21-22).

Como discípulas de Cristo, somos siervas de Dios y, como siervas, tenemos los ojos puestos en Él y recibimos instrucciones en su Palabra. Reconocer nuestra condición de sierva es la esencia de la sabiduría.

Reconoce la soberanía de Dios

Reconocer la soberanía de Dios sobre todas las cosas va de la mano con la humildad, porque solo cuando ambas estén presentes en nuestro corazón dependeremos de Dios. Practicar el temor del Señor —vivir en sabiduría— es reconocer que Dios tiene el control de todas las cosas, desde la elección de los presidentes hasta cada asunto de nuestra vida personal. Cuando somos jóvenes y todavía vivimos en casa de nuestros padres, empezamos a soñar sobre cómo queremos que sea nuestra vida y comenzamos a planificar cómo hacer que esos sueños se hagan realidad. Además, se nos anima desde temprana edad a establecer metas, y así lo hacemos. Y dado que vivimos en una cultura donde lograr objetivos personales ha sido relativamente fácil, somos propensas a decepcionarnos cuando nuestros planes no salen como esperábamos. Inevitablemente, una o más de nuestras metas van a fallar. Una joven sale de la universidad con la plena expectativa de que la contratarán apenas se gradúe, o que la aceptarán en un buen programa para obtener un título de posgrado o que terminará con el trabajo de sus sueños. Cuando algunos —o todos, según el caso— de esos planes no se materializan, la graduada universitaria se siente desconcertada y se pregunta dónde salieron mal las cosas.

Muchas de nosotras hemos vivido lo suficiente para saber que el mejor término para metas es *esperanzas*, ya que hemos visto cómo muchos de nuestros mejores planes se frustran. Con el tiempo, podemos llegar a pensar en lo que terminamos haciendo como una especie de Plan B. Sin embargo, la verdad es que no hay un Plan B. Solo hay un Plan A, porque:

> Del hombre son las disposiciones del corazón;
> Mas de Jehová es la respuesta de la lengua (Pr. 16:1).

Si pensamos que estamos atascados en el Plan B, es porque nuestra idea del Plan A era solo eso: nuestra propia idea, no la de Dios. Dios tiene buenos propósitos para nuestra vida, ya sea que los cumpla por medio de las metas que nosotras establecemos o de nuestras metas frustradas, para llevarnos por caminos que no habíamos planeado. Puede que no podamos discernir los propósitos de Dios, pero el libro de Proverbios nos enseña que podemos estar seguras de que los tiene y que está cuidando de que se cumplan.

> El corazón del hombre piensa su camino;
> Mas Jehová endereza sus pasos (Pr. 16:9).

Y

> Como los repartimientos de las aguas,
> Así está el corazón del rey en la mano de Jehová;
> A todo lo que quiere lo inclina (Pr. 21:1).

Lo que le sucedió al profeta Jonás es una buena ilustración de cómo Dios obra soberanamente en la vida de su pueblo. Dios instruyó a Jonás para que fuera a Nínive con un mensaje de juicio venidero, pero a Jonás no le gustó el plan de Dios, así que se embarcó en su propio plan y abordó un barco que se dirigía a Tarsis. Muchas de nosotras sabemos lo que sucedió: se desató una gran tormenta y, finalmente, Jonás fue arrojado por la borda y un gran pez se lo tragó. Allí, en el vientre del pez, Jonás se arrepintió de su obstinación. Después el pez lo vomitó en tierra firme, y de allí Jonás se dirigió a Nínive.

La obra misionera de Jonás en Nínive podría haber sido el Plan B en lo que respecta a Jonás, pero debido a que era el plan de Dios, siempre había sido el Plan A. Dios llevó a Jonás donde Él quería, a pesar de los intentos de Jonás de huir, y Dios hace lo mismo con nosotras. Nuestra respuesta no cambia el resultado, como tampoco lo hizo con Jonás; solo determina si el camino será fácil o difícil.

La sabiduría nos ayuda a hacer planes de acuerdo con los caminos de Dios, lo que a su vez nos impide dar vueltas en vano; y nos ahorra a nosotras y los demás la frustración que inevitablemente resulta cuando hacemos planes y los perseguimos con poco o ningún conocimiento de Dios. Entonces, si las cosas no salen como esperábamos, la sabiduría nos permite vivir contentas con la disposición soberana de los detalles de nuestra vida.

La busca activamente

Aunque la sabiduría está cerca de nosotras y no es demasiado difícil de entender, debemos buscarla activamente. Fíjate en los verbos activos que hay en el siguiente pasaje:

> Hijo mío, si *recibieres* mis palabras,
> Y mis mandamientos *guardares* dentro de ti,
> *Haciendo estar* atento tu oído a la sabiduría;
> Si *inclinares* tu corazón a la prudencia,
> Si *clamares* a la inteligencia,
> Y a la prudencia *dieres tu voz*;
> Si como a la plata la *buscares*,
> Y la *escudriñares* como a tesoros,
> Entonces entenderás el temor de Jehová,
> Y hallarás el conocimiento de Dios (Pr. 2:1-5).

Podemos pensar que recibir las palabras de Dios es una acción pasiva, algo que nos sentamos a leer y asimilar mientras tomamos una taza de café, pero si observas cómo está estructurado el pasaje, verás que hacer que nuestros oídos estén atentos, inclinar nuestro corazón, clamar, alzar nuestra voz, buscar y escudriñar forma parte de cómo crecemos en sabiduría.

Obedece

También obtenemos sabiduría mediante la obediencia. De hecho, tratar de vivir en obediencia a la Palabra de Dios es una actitud del corazón necesaria para todas las personas que quieren ser sabias:

> Hijo mío, guarda mis razones,
> Y atesora contigo mis mandamientos.
> Guarda mis mandamientos y vivirás,
> Y mi ley como las niñas de tus ojos (Pr. 7:1-2).

La obediencia y la sabiduría van de la mano, porque obedecer a Dios siempre es de sabios. Procurar un estilo de vida de obediencia, nos llevará a una comprensión más profunda de por qué obedecer todos los mandamientos de Dios es el mejor camino. Además, nos conducirá a una mayor profundidad de obediencia, que enriquecerá tanto nuestro andar con el Señor como nuestro disfrute de la vida cotidiana.

Acepta la disciplina de Dios

Crecer en sabiduría también implica reconocer y aceptar la disciplina de Dios:

> No menosprecies, hijo mío, el castigo de Jehová,
> Ni te fatigues de su corrección (Pr. 3:11).

Desde el comienzo de su tiempo de adversidad, Job nos muestra cómo vivir Proverbios 3:11. Después que Job perdió su sustento y a sus hijos y fue herido con dolorosas úlceras por todo el cuerpo, su esposa le dijo: "¿Aún retienes tu integridad? Maldice a Dios, y muérete" (Job 2:9). Sin embargo, Job la reprendió por su falta de sabiduría y le dijo: "Como suele hablar cualquiera de las mujeres fatuas, has hablado. ¿Qué? ¿Recibiremos de Dios el bien, y el mal no lo recibiremos?" (v. 10). La sumisión de Job a la obra de Dios en su vida es una característica de sabiduría.

Tendemos a pensar que la disciplina de Dios es la misma disciplina que imponemos a nuestros hijos: se portan mal y los castigamos para enseñarles que una mala conducta en particular es destructiva. Sin embargo, la disciplina de Dios con nosotras muchas veces no está vinculada a alguna mala acción específica de nuestra parte. Cuando las cosas van mal en nuestra vida, nos sentimos tentadas a buscar lo que podríamos haber hecho que causara tal dificultad. Es cierto que a veces un problema determinado es la forma en que Dios nos señala un pecado en particular que hemos estado ignorando o del que no hemos querido arrepentirnos; pero si no es evidente que haya alguna relación, no tenemos que devanarnos los sesos en pensar qué puede haberlo desencadenado. Si hay una relación, Dios puede mostrárnosla claramente. Si no hay una relación evidente, podemos confiar en Dios en medio de nuestra dificultad y concentrarnos en la siguiente verdad:

> Si soportáis la disciplina, Dios os trata como a hijos; porque ¿qué hijo es aquel a quien el padre no disciplina? Pero si se os deja sin disciplina, de la cual todos han sido participantes, entonces sois bastardos, y no hijos. Por otra parte, tuvimos a nuestros padres terrenales que nos disciplinaban, y los venerábamos. ¿Por qué no obedeceremos mucho mejor al Padre de los espíritus, y viviremos? Y aquellos, ciertamente por pocos días nos disciplinaban como a ellos les parecía, pero este para lo que nos es provechoso, para que participemos de su santidad (He. 12:7-10).

Descansa en Cristo

Cultivar tal sabiduría sería una tarea imposible si no fuera por la manera principal de adquirirla: permanecer en Cristo. Las mujeres más sabias son aquellas que han descubierto que la sabiduría y sus frutos los obtienen quienes los buscan no en sí mismas, sino en alguien más. Jesús declaró: "Venid a mí todos los que estáis trabajados y cargados, y yo os haré descansar. Llevad mi yugo sobre vosotros, y aprended de mí, que soy manso y humilde de corazón; y hallaréis descanso para vuestras almas" (Mt. 11:28-29). El yugo que Jesús tenía en mente era un elemento para arar. Una vez colocado alrededor del cuello de un animal y enganchado al arado, el animal solo podía moverse hacia donde el que araba lo dirigía. Sin embargo, a diferencia del agricultor con sus bueyes, Jesús no nos obliga a llevar su yugo; nos invita a hacerlo. Si aceptamos su invitación, aprenderemos sus preceptos a medida que nos guía por los caminos que Él elige, y mientras lo hacemos, se nos promete hallar descanso.

Beneficios de una vida sabia

Los beneficios de una vida sabia son demasiados para incluirlos en un solo libro, pero veamos algunos de ellos. Las mujeres que viven sabiamente experimentarán, primero, *seguridad*. Las mujeres sabias confían en que descansan en terreno seguro:

> Entonces andarás por tu camino confiadamente,
> Y tu pie no tropezará.
> Cuando te acuestes, no tendrás temor,
> Sino que te acostarás, y tu sueño será grato (Pr. 3:23-24).

Las mujeres sabias no tienen miedo. Dado que confían en Dios, no tienen necesidad de estar ansiosas. Confían en que su Dios sabio y bondadoso tiene el control de todas las cosas. A medida que aumenta la sabiduría, disminuye la ansiedad. ¿Qué te preocupa? ¿Son las finanzas, tus hijos, tu cónyuge o la falta de uno? Las mujeres sabias saben que Dios es digno de confianza y que Él puede y se encargará de todos estos asuntos para nuestro bien y su gloria.

Otro resultado de una vida sabia es *guía*. Hace algún tiempo, escuché a alguien decir que la sabiduría no es tanto algo que Dios nos *da*, sino algo que Él *hace* por nosotras, una verdad reforzada en este pasaje:

> Porque Jehová da la sabiduría,
> Y de su boca viene el conocimiento y la inteligencia.
> Él provee de sana sabiduría a los rectos;
> Es escudo a los que caminan rectamente.
> Es el que guarda las veredas del juicio,
> Y preserva el camino de sus santos (Pr. 2:6-8).

El vínculo entre la sabiduría y la guía también queda muy claro en este proverbio:

> Fíate de Jehová de todo tu corazón,
> Y no te apoyes en tu propia prudencia.
> Reconócelo en todos tus caminos,
> Y él enderezará tus veredas (Pr. 3:5-6).

Esto no significa que la guía de Dios esté condicionada a nuestra confianza; Él está siempre guiando activamente la vida de los seres humanos. Sin embargo, es solo cuando confiamos activamente en Dios y nos sometemos a sus preceptos, que experimentamos su guía que nos lleva por el camino recto; un camino que no está lleno de frustrantes desvíos causados por nosotras mismas, como vimos en Jonás.

Otro beneficio de la sabiduría es poder disfrutar tranquilamente de *sentido común santificado*. No hay dificultad en la vida que las Escrituras no aborden de alguna manera. En cada una de nuestras vidas, surgen situaciones de las que las Escrituras no hablan de manera directa: son esas áreas grises. Sin embargo, la Biblia las aborda de alguna manera, aunque sea de manera indirecta, y la sabiduría nos permite utilizar la Palabra para hacer una aplicación directa en las áreas grises de nuestras vidas. La sabiduría nos permite discernir mejor no solo lo que la Palabra de Dios dice explícitamente, sino también lo que la Palabra dice implícitamente, y estamos cada vez más preparadas para aplicar sus verdades a todas las áreas de la vida. Tener *sentido común santificado* es un resultado de la sabiduría.

Otro resultado más de una vida sabia es una *buena vida en general*:

> Hijo mío, no te olvides de mi ley,
> Y tu corazón guarde mis mandamientos;
> Porque largura de días y años de vida
> Y paz te aumentarán (Pr. 3:1-2).

El libro de Proverbios nos revela cómo Dios ha diseñado el mundo para que funcione bien; así que, en general, los que viven de acuerdo con el diseño de Dios prosperan gracias a ello. Dicho esto, los proverbios no son garantía de una buena vida. Todos experimentamos momentos en los que las cosas no salen bien, a pesar de nuestros esfuerzos por seguir los caminos de Dios, y eso se debe a que Dios nos enseña ya sea por el sufrimiento como al bendecirnos con los beneficios prácticos de la sabiduría. Por eso es mejor ver los proverbios como advertencias o principios y no como promesas. Debemos mantener ambas cosas —los beneficios prácticos de una vida sabia y los beneficios espirituales del sufrimiento— en suspenso, y confiar en que Dios sabe lo que está haciendo en cada caso.

Dicho esto, tendemos a sospechar de toda esta idea de disfrutar de una vida próspera. Es que nos parece tan… bueno, mundano. Sin embargo, Dios se deleita en bendecir a sus hijos, como lo hace todo buen padre. Cuando Dios nos bendice con una temporada de prosperidad, podemos entristecer el corazón paternal de Dios si nos abstenemos de alegrarnos en Él. Después de años de ahorrar dinero para una casa, una amiga mía tuvo la suerte de poder comprar una bella casa, pero no pudo disfrutarla por completo porque, decía: "Sigo esperando que caiga el hacha. Si Dios me ha dado esto, ¿qué me irá a quitar?". Tales pensamientos roban tanto a Dios como a nosotras el deleite en sus dádivas. Si nos bendice de alguna manera material, somos libres de disfrutar esa bendición. Como escribió Salomón: "No hay cosa mejor para el hombre sino que coma y beba, y que su alma se alegre en su trabajo. También he visto que esto es de la mano de Dios" (Ec. 2:24).

Otro beneficio de adquirir sabiduría es la *felicidad*:

> Bienaventurado el hombre que halla la sabiduría,
> Y que obtiene la inteligencia;

> Porque su ganancia es mejor que la ganancia de la plata,
> Y sus frutos más que el oro fino.
> Más preciosa es que las piedras preciosas;
> Y todo lo que puedes desear, no se puede comparar a ella
> (Pr. 3:13-15).

¿Se te ocurre una mejor definición de *felicidad*? Si somos mujeres cristianas infelices, el problema no son nuestras circunstancias, sino nuestra interpretación de tales circunstancias; una interpretación que carece de sabiduría. Incluso las circunstancias infelices pueden experimentarse con alegría y paz cuando recordamos quién las ha ordenado y que lo ha hecho por una buena razón. Las mujeres sabias saben que la felicidad duradera y profunda nunca se encuentra en las circunstancias, sino en la Sabiduría, que es Cristo.

Otro fruto de la sabiduría es el *conocimiento de sí mismo*. Juan Calvino expresó que antes de poder conocernos a nosotros mismos, primero debemos conocer a Dios. Solo Dios realmente conoce y entiende nuestro corazón, por supuesto, pero cuanto mejor conozcamos a Dios, mejor nos conoceremos a nosotras mismas. El conocimiento de sí mismo, como parte integral de la conciencia de nuestras debilidades personales, es vital a la hora de resistir las tentaciones, ya que las tentaciones nos seducen en áreas donde tendemos a ser débiles. Las mujeres que conocen a Dios son más capaces de reconocer dónde son propensas al pecado y, por lo tanto, están mejor preparadas para enfrentarlo con sabiduría. Conocernos a nosotras mismas es un beneficio de la sabiduría.

> Porque en vano se tenderá la red
> Ante los ojos de toda ave (Pr. 1:17).

Nuestra sabiduría

Todo esto nos enfrenta a un problema: ¡no podemos! ¿Quién de nosotras podría esperar tener sabiduría como la que vemos en Proverbios? Es realmente imposible para nosotras tener sabiduría, aunque, después de vislumbrar sus beneficios, queremos convertirnos en mujeres sabias. ¿Qué podemos hacer? La concientización de nuestro dilema imposible da vida a las palabras de Pablo: "Lo vil del mundo y lo menospreciado escogió Dios, y lo que no es, para deshacer lo que es, a fin de que nadie se jacte en su presencia. Mas por él estáis vosotros en Cristo Jesús, el cual nos ha sido hecho por Dios sabiduría" (1 Co. 1:28-30). Cristo es nuestra sabiduría, tanto en sus características como en sus beneficios. No tenemos sabiduría propia, pero si estamos en Él, tenemos su sabiduría, lo que significa que podemos hacerla crecer hasta que alcance su plenitud. En Cristo "están escondidos todos los tesoros de la sabiduría y del conocimiento" (Col. 2:3). Si estamos en Cristo, esos tesoros también nos pertenecen.

GUÍA DE ESTUDIO

Capítulo 1: ¿Qué es exactamente la sabiduría?

❀ 1. Lee el libro de Ester y anota dónde y cómo ves que ejerce sabiduría. ¿Qué impacto causa su decisión a su pariente Mardoqueo? ¿Qué impacto causa ella en el rey?

2. Menciona un área de tu vida (o más de una) en la que desees crecer en sabiduría. ¿Por qué crees que necesitas sabiduría en esta área en particular?

3. ¿Cómo define Proverbios la sabiduría? Explica qué significa esta definición.

4. ¿Alguna vez has experimentado el temor de Dios? ¿Qué aprendiste de Él durante ese tiempo? ¿Cuál fue el resultado?

5. ¿Cuál de las características de la sabiduría enumeradas en el capítulo 1 te llama más la atención y por qué?

- La sabiduría es clara
- La sabiduría está cerca
- La sabiduría es agradable
- La sabiduría es primordial
- La sabiduría es hospitalaria

6. Describe lo que significa guardar tu corazón (Pr. 4:23).

7. ¿Cuál es el vínculo entre la sabiduría y la humildad, y cómo cultivamos la humildad?

8. ¿Cuál es nuestro papel en la obtención de sabiduría?

9. ¿Cuál de los beneficios de la sabiduría te atrae más y por qué?

- Seguridad
- Guía
- Sentido común santificado
- Buena vida en general
- Felicidad
- Conocimiento de sí mismo

10. Describe el vínculo bíblico entre Cristo y la sabiduría.

CAPÍTULO 2

POR QUÉ LA NECEDAD ES REALMENTE MALA

Una joven pareja entra de la mano a una joyería. El rostro de la joven está radiante de felicidad. El joven también se ve feliz, pero parece un poco ansioso y agitado. Su novia acaba de aceptar su propuesta de matrimonio, y han ido a comprar un anillo de compromiso. El joyero, que ha visto pasar por sus puertas a decenas de parejas, sabe a primera vista por qué han ido. Mientras saluda a la pareja, abre la vitrina dentro de la cual se encuentran filas de anillos de diamantes y coloca sobre el mostrador un paño cuadrado de terciopelo negro. Él sabe que los anillos se ven más brillantes sobre el fondo oscuro contrastante del terciopelo.

El libro de Proverbios hace algo similar. Sus autores sabían que el brillo de la sabiduría se ve a la luz de todo su esplendor cuando se despliega contra el fondo oscuro de la necedad. Una mujer necia es lo opuesto a una mujer sabia. Una mujer necia no es necesariamente una que carece de capacidades intelectuales; de hecho, desde un punto de vista intelectual, podría ser una de las mujeres más brillantes que existen. Entonces, ¿qué la hace necia?

> El corazón entendido busca la sabiduría;
> Mas la boca de los necios se alimenta de necedades
> (Pr. 15:14).

A diferencia de la mujer sabia, la necia no teme al Señor. No se somete a Dios, sino que busca vivir libre de cualquier regla o autoridad que frene sus deseos. Se alimenta de la arrogancia más que de la humildad, como veremos aquí en este breve resumen y más adelante a lo largo del libro.

Características de una mujer necia

Los hilos oscuros de la necedad se tejen a lo largo de los treinta y un capítulos de Proverbios y, como notaremos, estos hilos oscuros pueden enredarnos espiritual, emocional, física y materialmente.

Se deja seducir fácilmente por el mundo

Proverbios nos muestra que una mujer necia se deja seducir fácilmente por el mundo. La vemos en la mujer que se cree la mentira de que lucir joven y bella es el camino hacia la realización. Cualquier mujer que crea eso ha caído en la trampa de la necedad. Una mujer así dedica lo mejor de sus recursos —tiempo y dinero— a su apariencia. Creer en las brillantes pero falsas promesas de la belleza física le impedirá disfrutar de la libertad de envejecer con gracia.

> Todo hombre prudente procede con sabiduría;
> Mas el necio manifestará necedad (Pr. 13:16).

Una mujer que se deja seducir fácilmente por el mundo también es materialista y ambiciosa del éxito terrenal. Está intrigada por las filosofías mundanas y se rige por estas para la comprensión de todo. Para una mujer así, la autoestima y el amor propio pueden parecerle más valiosos que seguir a Cristo con un estilo de vida de abnegación.

Confía en las riquezas

Una mujer necia se cree la mentira de que las bendiciones materiales se pueden obtener prescindiendo de Dios.

> El que confía en sus riquezas caerá;
> Mas los justos reverdecerán como ramas (Pr. 11:28).

Tal mujer hace caso omiso de la advertencia de Proverbios 1:

> Hijo mío, si los pecadores te quisieren engañar,
> No consientas.
> Si dijeren: Ven con nosotros;
> Pongamos asechanzas para derramar sangre,
> Acechemos sin motivo al inocente;
> Los tragaremos vivos como el Seol,
> Y enteros, como los que caen en un abismo;
> Hallaremos riquezas de toda clase,
> Llenaremos nuestras casas de despojos;
> Echa tu suerte entre nosotros;
> Tengamos todos una bolsa.
> Hijo mío, no andes en camino con ellos.
> Aparta tu pie de sus veredas (Pr. 1:10-15).

La tentación de tener cada vez más cosas rara vez la detectamos de manera tan obvia. Con mayor frecuencia, acecha en las sombras y convierte la cena de anoche con amigos en un gasto comercial legítimo o nos convence de que no está mal acumular deuda en la tarjeta de crédito para comprar un sofá nuevo.

Es orgullosa y detesta el conocimiento

Una mujer necia detesta el conocimiento. Es alguien que evita, ignora, desdeña, desprecia o racionaliza la sabiduría y el consejo bíblico. Vive según los dictados de sus emociones, insiste en cumplir sus deseos personales y cree que su forma de pensar es siempre la correcta. A tal mujer, Proverbios hace esta pregunta:

¿Hasta cuándo, oh simples, amaréis la simpleza,
Y los burladores desearán el burlar,
Y los insensatos aborrecerán la ciencia? (Pr. 1:22).

La mujer necia es soberbia y burladora. Proverbios señala que *burlarse* es negarse a aceptar los caminos de Dios: aferrarse a ese único pecado secreto, esa única relación, ese único mal hábito, esa única indulgencia cuestionable.

A pesar de las advertencias que Dios hace por medio de su Palabra y su pueblo, los que se burlan nunca obtienen lo que buscan, y la sabiduría se les reirá en la cara:

Sino que desechasteis todo consejo mío
Y mi reprensión no quisisteis,
También yo me reiré en vuestra calamidad,
Y me burlaré cuando os viniere lo que teméis (Pr. 1:25-26).

En pocas palabras, un burlador, alguien caracterizado y dominado por el orgullo, inevitablemente experimentará un gran pesar. Puede que no nos burlemos de todos; pero todas las personas, sin excepción, estamos contaminadas por la necedad del orgullo. Cada vez que culpamos a Dios por algo, podemos estar seguras de que tenemos orgullo. Siempre que pensamos que no tenemos un problema de orgullo, en realidad, lo tenemos. Cada vez que desechamos el conocimiento de Dios y sus consejos, el orgullo es el origen.

Es complaciente

Una mujer necia es complaciente, lo que, en este contexto, significa que está contenta con una vida cristiana mediocre. No logra entender la verdad de que no hay postura intermedia, no hay "medias tintas", cuando se trata del discipulado; siempre estamos avanzando o bien retrocediendo. Por eso vivir en el limbo no es más que una ilusión.

Sin duda, hay ocasiones como cuando enfrentamos decisiones difíciles o problemas desconcertantes, en que quedarse quieta durante una temporada es más constructivo que dedicar todas nuestras energías a buscar una solución rápida. Ese tipo de limbo es sabio porque nos da tiempo para buscar dirección de Dios en las Escrituras y recibir consejos de otros. Por otro lado, el limbo de la complacencia no se caracteriza por la búsqueda, sino por el deseo de no hacer nada más que escapar de una situación incómoda o evitar tener que tomar una decisión. El limbo de la complacencia es cómodo al principio y, a menudo, sentimos que es el lugar más seguro para estar. Parece que allí no corremos riesgos, mientras que lanzarnos de lleno a seguir un rumbo u otro en particular nos provoca demasiado temor; después de todo, no tenemos ninguna garantía de cómo resultarán las cosas. Sin embargo, evadir las cosas no implica estar seguras. El libro de Proverbios es muy claro sobre el peligro de la complacencia:

> Porque el desvío de los simples los matará,
> Y la complacencia de los necios los destruirá (Pr. 1:32, NBLA).

Es perezosa

Una mujer necia también es perezosa. Proverbios nos recomienda pensar en cómo viven las hormigas:

> Ve a la hormiga, oh perezoso,
> Mira sus caminos, y sé sabio;
> La cual no teniendo capitán,
> Ni gobernador, ni señor,
> Prepara en el verano su comida,
> Y recoge en el tiempo de la siega su mantenimiento
> (Pr. 6:6-8).

Al ver a las hormigas, reconocemos la sabiduría de trabajar arduamente en nuestro llamado individual, ya sea que se trate del cuidado del hogar, el ministerio de tiempo completo o una carrera. Sin embargo, el principio de la diligencia se aplica igualmente a los asuntos espirituales y a cualquier otra área de nuestra vida. Proverbios nos exhorta a ejercitarnos hacia la sabiduría y la sensatez en todos nuestros caminos y nuestras relaciones. Una mujer perezosa carece de celo, y su necedad se revela en su renuencia a luchar contra el pecado que mora en ella y vivir para la gloria de Dios. Detrás de gran parte de su lucha contra la pereza se encuentra a menudo una negativa a renunciar a las comodidades personales.

Es pecaminosamente independiente

Una mujer necia es pecaminosamente independiente. En otras palabras, busca la autonomía de Dios y de los demás. Proverbios le dice esto:

> El que vive aislado busca *su propio* deseo,
> Contra todo consejo se encoleriza (Pr. 18:1, NBLA).

La independencia insensata hace caso omiso de los consejos. Cuando nos empecinamos en no seguir un consejo bíblicamente sensato, suele ser porque solo buscamos nuestros propios deseos e intereses. He sido testigo de esta misma situación con Abby. Durante meses, los amigos de Abby han expresado su preocupación por su romance con Pete. Con el tiempo, la relación ha alejado a Abby de su búsqueda de cosas espirituales y ha perdido el brillo en sus ojos. Pete no la trata con delicadeza ni respeto. Los amigos de Abby han visto todo esto y le han expresado sus preocupaciones, pero en respuesta ella cambia de tema o les dice que todo está bien. En el fondo, ella sabe que tienen razón, pero Abby ha quedado atrapada en la necedad. Si persiste, su corazón se endurecerá y es probable que desperdicie semanas, meses o años en una relación romántica destructiva por el solo hecho de que el dolor inmediato, por lo general efímero, de una ruptura es demasiado difícil de contemplar.

Cómo reconocer a una persona necia

Mientras consideramos cómo define Proverbios el carácter necio, es posible que ya tengamos en mente a una amiga que bien podría beneficiarse de meditar seriamente en esta porción de las Escrituras. Es muy probable que haya varios amigos o conocidos a los que hayamos identificado mentalmente. Sin embargo, si queremos ser sabias, no nos dedicaremos a rotular a los demás como necios. En cambio, nos miraremos a nosotras mismas. No podemos conocer el corazón de los demás, y dependemos totalmente de Dios para discernir correctamente cualquier cosa sobre nosotras mismas. La conversación de Jesús con los discípulos en la Última Cena lo deja claro. Jesús dijo: "De cierto os digo que uno de vosotros, que come conmigo, me va a entregar. Entonces ellos comenzaron a entristecerse, y a decirle uno por uno: ¿Seré yo? Y el otro: ¿Seré yo?" (Mr. 14:18-19). Es interesante que ninguno de ellos preguntó: "¿Es Judas?".[1]

Sin embargo, en dependencia del Espíritu Santo y la Palabra de Dios, alejarse de la necedad y acercarse a la sabiduría comienza con un autoexamen. ¿Somos mujeres necias o sabias? Examinémonos a la luz de esta lista de Proverbios sobre las cosas que Dios aborrece:

> Seis cosas aborrece Jehová,
> Y aun siete abomina su alma:
> Los ojos altivos, la lengua mentirosa,
> Las manos derramadoras de sangre inocente,
> El corazón que maquina pensamientos inicuos,
> Los pies presurosos para correr al mal,
> El testigo falso que habla mentiras,
> Y el que siembra discordia entre hermanos (Pr. 6:16-19).

Podríamos pensar que no somos necias, hasta que nos damos cuenta de que al entrar con ojos altivos en la casa de alguien, nos alegramos porque tenemos mejor gusto en la decoración o porque nuestro atuendo es más apropiado para la ocasión. Podemos pensar que no tenemos manos derramadoras de sangre inocente hasta que recordamos las palabras de Jesús de que la ira es asesinato. Podemos pensar

---

1. J. C. Ryle, *Holiness* (Darlington, Reino Unido: Evangelical Press, 1999), 46. Publicado en español por Chapel Library con el título: *Santidad*.

que no sembramos discordia hasta que nos damos cuenta de que lo hacemos cuando participamos en chismes. Cada una de nosotras es, de alguna manera, una mujer necia.

Proverbios no endulza las consecuencias de la necedad. El final de un necio es muy terrible, y reconocer que somos contadas entre los necios puede ser bastante desalentador. Como señalamos anteriormente, las mujeres necias oirán la risa de la sabiduría (Pr. 1:26). Quizás hayas escuchado esa risa, que se repite en los por qué y en los ojalá:

> "¡Ojalá no hubiera hecho eso!".
>
> "¡Por qué fui allí!".
>
> "¡Ojalá no hubiera comido eso!".
>
> "¡Por qué lo escuché!".
>
> "¡Ojalá no hubiera comprado eso!".

Los necios, según Proverbios:

> Comerán del fruto de su camino,
> Y serán hastiados de sus propios consejos (Pr. 1:31).

Cristo, nuestra sabiduría

Entonces, ¿dónde nos deja eso? La sabiduría levanta la voz para llamar nuestra atención, pero también lo hace la necedad, y puesto que somos inherentemente pecadoras, la necedad no tiene que gritar tan fuerte. ¿Qué podemos hacer? Nuevamente, el remedio se encuentra no tanto en ejercitarnos en principios sabios, sino principalmente en descansar en la fuente de la sabiduría: "Cristo poder de Dios, y sabiduría de Dios" (1 Co. 1:24). Cristo es el remedio de la mujer necia. Por eso debemos practicar este proverbio:

> Abandona la necedad y vivirás;
> Anda por el camino del entendimiento (Pr. 9:6, NBLA).

Vale la pena repetir que abandonar la necedad y crecer en sabiduría no se trata de seleccionar consejos del libro de Proverbios, como si fuera la versión bíblica de *Cómo ganar amigos e influir sobre las personas*. Sin Cristo, las bendiciones terrenales que fluyen de una vida recta son meramente una sombra de lo real. Según la Biblia, la vida sabia y sus frutos son imposibles sin Cristo porque el temor del Señor —la definición de sabiduría de Proverbios— lo conocen solo aquellos que están en Cristo. Si comemos de este pan y bebemos del agua viva que Él ofrece, conoceremos cada vez más la sabiduría que esfuma la necedad que hoy predomina en nosotras.

GUÍA DE ESTUDIO

Capítulo 2: Por qué la necedad es realmente mala

1. ¿Cuál es la diferencia principal entre una mujer necia y una sabia?

2. Menciona algunas formas en que las mujeres de hoy pueden sentirse fácilmente seducidas por el mundo. ¿Qué tiende a ser una tentación para ti personalmente?

❀ 3. Hay numerosos proverbios que mencionan el dinero o la riqueza (ver el apéndice). ¿Por qué crees que este libro bíblico sobre la sabiduría tiene este énfasis? También encontramos varios pasajes sobre la riqueza en el Nuevo Testamento, que la abordan principalmente en términos de su impacto en el discipulado cristiano. Lee detenidamente los siguientes pasajes y resume lo que ves:

- Mateo 6:25-34
- Mateo 13:18-23
- Lucas 16:13
- Hechos 8:9-21
- 1 Timoteo 3:2-3
- 1 Timoteo 6:6-10, 17-19
- 2 Timoteo 3:1-5
- Hebreos 13:5-6
- Santiago 5:1-6

4. ¿De qué manera una mujer necia muestra desprecio por el conocimiento piadoso?

5. ¿Cómo podemos saber la diferencia entre la espera paciente y la complacencia pecaminosa? Mientras reflexionas sobre la diferencia, ¿te está hablando de alguna manera en lo personal?

6. ¿En qué parte de tu vida detectas la necesidad de ser más como la hormiga de Proverbios 6:6-8? ¿Hay falta de celo en tu trabajo, en tus relaciones o en tu camino de fe? Si es así, ¿qué paso concreto tomarás para subsanarlo?

7. En una sociedad que defiende la autonomía como una gran virtud, vivir en dependencia de Dios y en transparencia frente a tu comunidad cristiana puede ser muy difícil. Describe la diferencia entre la independencia piadosa y la autonomía pecaminosa. Considera Proverbios 18:1 y 1 Tesalonicenses 4:9-12.

8. Repasa Proverbios 6:16-19. A partir de este pasaje, haz una lista de las cosas que Dios aborrece tanto, que se clasifican como "abominaciones". Luego, basada en esta lista, haz la oración que se encuentra en Salmos 139:23-24, ya sea sola o con tu grupo pequeño:

> Examíname, oh Dios, y conoce mi corazón;
> Pruébame y conoce mis pensamientos;
> Y ve si hay en mí camino de perversidad,
> Y guíame en el camino eterno.

También es posible que quieras ver si te identificas con algo en la lista de "ojalá..." o "por qué..." de la página 52.

9. ¿De qué manera abandonar nuestra necedad es más una cuestión de descanso que de trabajo?

10. ¿En qué sentido muestran los siguientes pasajes a Jesús como nuestra sabiduría?

- Mateo 12:38-42
- Lucas 2:40-52
- 1 Corintios 1:18-31
- 1 Corintios 2:1-13
- Colosenses 2:1-3
- Colosenses 2:20-23
- Colosenses 3:16

PARTE 2

SEIS COSAS QUE LAS MUJERES SABIAS CONOCEN

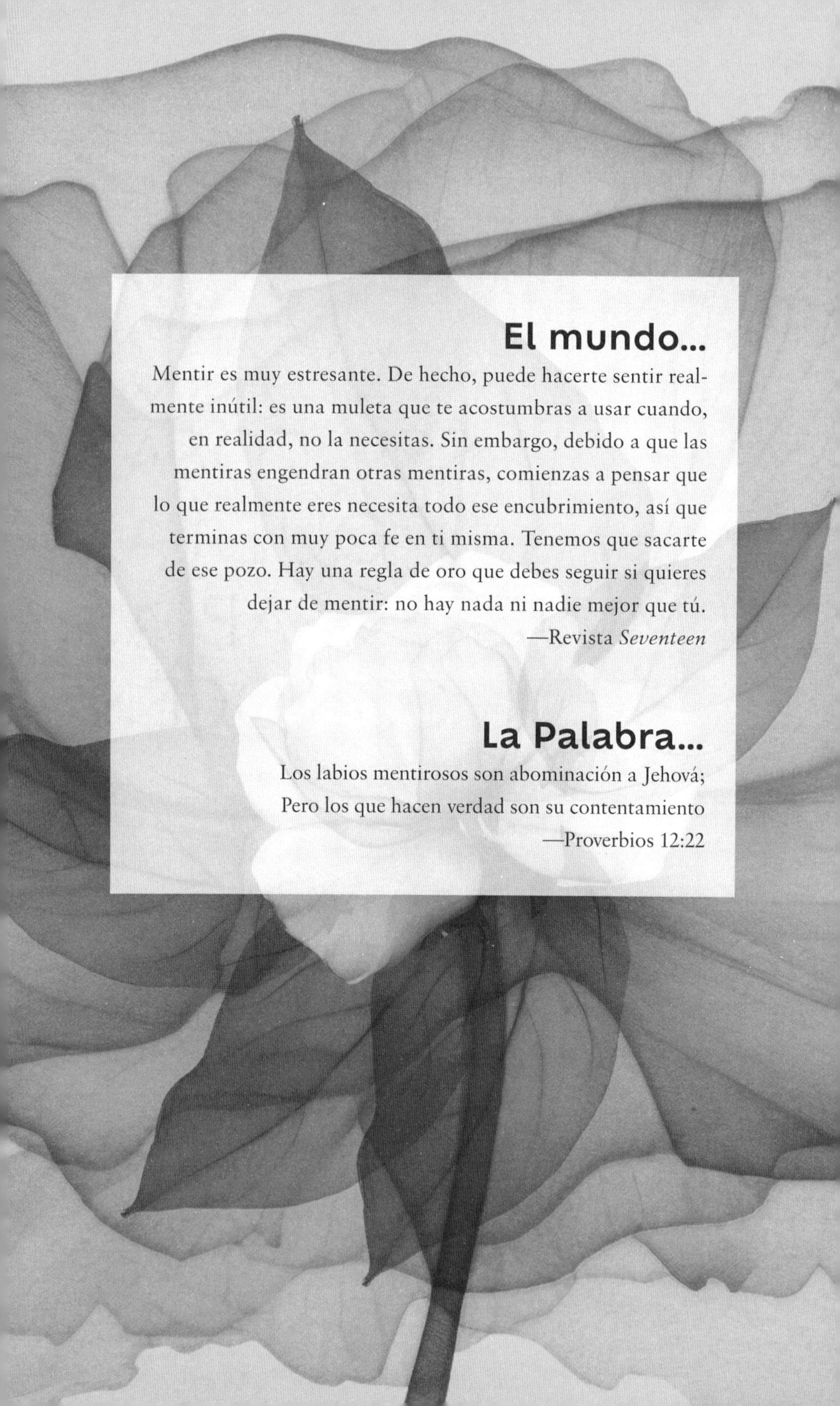

El mundo...

Mentir es muy estresante. De hecho, puede hacerte sentir realmente inútil: es una muleta que te acostumbras a usar cuando, en realidad, no la necesitas. Sin embargo, debido a que las mentiras engendran otras mentiras, comienzas a pensar que lo que realmente eres necesita todo ese encubrimiento, así que terminas con muy poca fe en ti misma. Tenemos que sacarte de ese pozo. Hay una regla de oro que debes seguir si quieres dejar de mentir: no hay nada ni nadie mejor que tú.

—Revista *Seventeen*

La Palabra...

Los labios mentirosos son abominación a Jehová;
Pero los que hacen verdad son su contentamiento

—Proverbios 12:22

CAPÍTULO 3

LAS MUJERES SABIAS CONOCEN EL PODER DE LAS PALABRAS

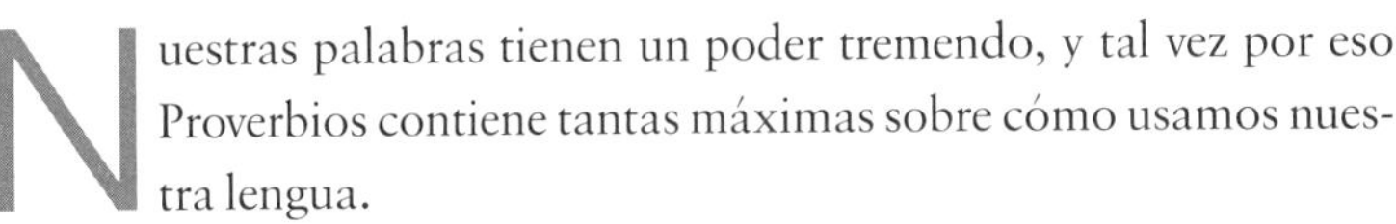

Nuestras palabras tienen un poder tremendo, y tal vez por eso Proverbios contiene tantas máximas sobre cómo usamos nuestra lengua.

> La muerte y la vida están en poder de la lengua,
> Y el que la ama comerá de sus frutos (Pr. 18:21).

Y

> La boca del necio es quebrantamiento para sí,
> Y sus labios son lazos para su alma (Pr. 18:7).

Encontramos el mismo concepto en el Nuevo Testamento. El apóstol Santiago escribió: "Y la lengua es un fuego, un mundo de maldad. La lengua está puesta entre nuestros miembros, y contamina todo el cuerpo, e inflama la rueda de la creación, y ella misma es inflamada por el infierno. Porque toda naturaleza de bestias, y de aves, y de serpientes, y de seres del mar, se doma y ha sido domada por la naturaleza humana; pero ningún hombre puede domar la lengua, que es un mal que no puede ser refrenado, llena de veneno mortal. Con ella bendecimos al Dios y Padre, y con ella maldecimos a los hombres, que están hechos a la semejanza de Dios" (Stg. 3:6-9). Por lo tanto, está claro que podemos afectar mucho nuestro bienestar y el de quienes nos rodean por cómo usamos nuestra lengua.

Dicho esto, el poder de nuestras palabras no proviene de nuestra lengua, sino del corazón que la controla. Jesús dejó en claro que nuestras palabras son un reflejo de nuestro corazón, por eso serán juzgadas de manera tan estricta: "El hombre bueno, del buen tesoro del corazón saca buenas cosas; y el hombre malo, del mal tesoro saca malas cosas. Mas yo os digo que de toda palabra ociosa que hablen los hombres, de ella darán cuenta en el día del juicio. Porque por tus palabras serás justificado, y por tus palabras serás condenado" (Mt. 12:35-37).

Palabras de ayuda

Como hemos visto, los proverbios se escribieron originalmente para instruir a los jóvenes en los caminos de Dios, pero las verdades que encontramos en ellos no solo se aplican a los jóvenes. Son apropiados para todos, hombres o mujeres, jóvenes o mayores, porque son las verdades de Dios. Sin embargo, hay una distinción en cómo aplicarlos.

Dios diseñó a la mujer para que sea un complemento para el hombre. Complementar significa llenar, completar o perfeccionar. Eso es lo que Dios tenía en mente cuando dijo: "No es bueno que el hombre esté solo; le haré ayuda idónea para él" (Gn. 2:18). En realidad, es una vía de doble sentido; hombres y mujeres fueron diseñados para complementarse el uno al otro. Los hombres y las mujeres han sido diseñados con rasgos distintivos de género que, cuando trabajan juntos, sirven a la raza humana y reflejan la gloria de Dios.

La palabra *ayuda* goza de una mala reputación. En el contexto matrimonial, puede evocar la imagen mental de una esposa agotada, que se esfuerza por hacer las tareas del hogar y busca ayudar a su marido a lograr sus objetivos personales mientras él pasa un día interesante en la oficina. Sin embargo, eso no es lo que Dios tenía en mente. El llamado de una esposa es ayudar a su esposo a lograr los objetivos *de Dios*. Cuando los dos trabajan juntos, cada uno con fortalezas particulares, crecen y edifican la familia de Dios y propagan el nombre de Dios por todo el mundo.

En realidad, hay mucho poder en el rol de ayuda, porque una de las maneras principales de ejercerlo es mediante la influencia, y la manera de ejercer influencia es por medio de nuestras palabras. Todo esto para decir que una de las principales maneras en que cumplimos nuestro rol de ayuda es mediante nuestra lengua. Una ayuda piadosa utiliza sus palabras para edificar, animar y propagar la Palabra de Dios.

Una mujer que utilizó su lengua para el bien de sus semejantes fue Ester. De hecho, al hacerlo arriesgó su vida después que su pariente Mardoqueo le dijo: "No pienses que escaparás en la casa del rey más que cualquier otro judío. Porque si callas absolutamente en este tiempo, respiro y liberación vendrá de alguna otra parte para los judíos; mas tú y la casa de tu padre pereceréis. ¿Y quién sabe si para esta hora has llegado al reino?" (Est. 4:13-14). Los judíos de su época enfrentaban un complot mortal secreto, pero debido a que Ester utilizó su lengua con gran sabiduría, los judíos se salvaron.

Sin embargo, podemos corromper el llamado a ayudar e influir para bien por nuestras palabras. Considera a Dalila en Jueces 16. Dalila era una mujer filistea que se dejó usar por sus compatriotas para engañar al juez israelita Sansón. Por lo que vemos de Sansón en la Biblia, es evidente que él era débil con las mujeres mundanas como Dalila. Ella usó todas sus artimañas femeninas, incluidas sus palabras, para convencer a Sansón de que le revelara el secreto de su gran fuerza para que los filisteos pudieran entrar y dominarlo. En tres ocasiones distintas, Dalila le dijo: "Yo te ruego que me declares en qué consiste tu gran fuerza, y cómo podrás ser atado para ser dominado" (v. 6). Debido a que Sansón estaba enamorado de ella, creía que esta mujer solo estaba jugando algún tipo de juego de amantes, y cada vez le daba una respuesta incorrecta para seguirle el juego. Sin embargo, finalmente, cuando las palabras manipuladoras de Dalila no lograron sacarle el secreto a Sansón, ella lo regañó por no decirle la verdad y lo siguió acosando verbalmente hasta que él cedió por pura frustración.

Dalila ejemplifica cómo una mujer puede abusar de su lengua para destruir. Dios no nos ha dado el don de hablar para satisfacer nuestros deseos egoístas; sino para edificar, animar y dar palabras de sabiduría. Cuando una mujer utiliza su lengua para ejercer una buena influencia, Dios es glorificado y las personas que la rodean son bendecidas. ¿Usaremos nuestras palabras para manipular con fines egoístas? ¿O las usaremos para el bien de otros? Enfrentaremos esta elección todos los días en cada conversación que mantengamos.

Palabras necias

Si separamos todos los proverbios que tienen que ver con nuestras palabras, vemos que se abordan repetidas veces ciertos pecados de nuestra boca, por lo que debemos tomar nota de ellos.

Mentiras

Del libro de Proverbios aprendemos mucho sobre las características de una persona mentirosa y las consecuencias de mentir. Una cosa que aprendemos es que mentir es inútil porque la mentira siempre sale a la luz y se castiga:

> El testigo falso no quedará sin castigo,
> Y el que habla mentiras no escapará (Pr. 19:5).

A veces mentimos porque nos sentimos acorralados; es casi una respuesta instintiva para evitar el bochorno o la vergüenza. Otras veces nuestras mentiras pueden ser más deliberadas. Sea como sea, Proverbios indica que los mentirosos serán responsables por sus palabras.

También descubrimos que existe un vínculo entre el odio y la mentira:

> El que encubre el odio es de labios mentirosos;
> Y el que propaga calumnia es necio (Pr. 10:18).
>
> La lengua falsa atormenta al que ha lastimado,
> Y la boca lisonjera hace resbalar (Pr. 26:28).

Como vemos, el odio y la mentira van de la mano. Mentir expresa menosprecio por la persona a quien se le miente. Es poner distancia en la relación. Recuerda una ocasión cuando alguien te mintió y piensa por qué te dolió cuando te enteraste. Lo más probable es que no haya sido solo lo que el mentiroso haya tratado de encubrir, sino también el hecho de que el mentiroso creó una barrera en la relación entre ustedes. La acción de mentir es una táctica que crea una distancia relacional, ya sea que el mentiroso lo haga de manera consciente o no.

Otra cosa que aprendemos de Proverbios acerca de la mentira es cuánto Dios la aborrece:

> Seis cosas aborrece Jehová,
> Y aun siete abomina su alma:
> Los ojos altivos, la lengua mentirosa,
> Las manos derramadoras de sangre inocente (Pr. 6:16-17).
>
> Los labios mentirosos son abominación a Jehová;
> Pero los que hacen verdad son su contentamiento (Pr. 12:22).

Abominación es una palabra bastante fuerte. En las Escrituras, se atribuye a los comportamientos que indignan y repugnan particularmente a Dios. Por eso, las mujeres sabias también aborrecen la mentira:

> El justo aborrece la palabra de mentira;
> Mas el impío se hace odioso e infame (Pr. 13:5).

Aborrecer algo es rechazarlo, repudiarlo por completo e indignarnos cuando nos confronta. Las mujeres sabias toman en serio la sinceridad en sus palabras y no consideran decir verdades a medias, o mentiras piadosas o jurar llevadas por la ira como excepciones legítimas. Si nos sorprendemos al decir una mentira, hacemos un alto y decimos la verdad. La confianza es digna de aquellos que tienen cuidado de decir solo la verdad y sus palabras tienen peso, mientras que no sucede lo mismo con aquellos que son negligentes a la hora de decir la verdad.

Ellie aprendió esto de primera mano con su hija Kate, que había estado traspasando los límites de horario para volver a casa durante varias semanas. Ellie advirtió a Kate que si volvía a incumplir el toque de queda, sería castigada. Sucedió de nuevo esa misma semana, pero Ellie no cumplió con el castigo. Como resultado, Kate ha perdido el respeto por su madre y da aún menos importancia a sus reglas.

Si queremos que nos tomen en serio y amar realmente a quienes nos rodean, tendremos cuidado de decir la verdad. Cuando una amiga nos pregunta si creemos que necesita perder peso, le diremos la verdad en lugar de decirle solo lo que la haga sentir bien en ese momento. Si una compañera de trabajo nos dice que planea tomarse un día por enfermedad para ir a divertirse a la playa, no respaldamos su deshonestidad con nuestra propia mentira, con palabras como: "Bueno, está bien. Necesitas un descanso". Ser escrupulosa con la verdad puede ser difícil a veces, pero la recompensa vale la pena.

¿Qué tal con cosas como Papá Noel y mantener en secreto las fiestas sorpresa? Es posible participar del placer de tales ocasiones sin mentir. Pienso, por ejemplo, en el esposo de una amiga mía que hace poco le hizo una fiesta de cumpleaños sorpresa. Trabajó en secreto para reunir a sus amigos para la ocasión y logró mantener la planificación de la fiesta tan desapercibida que nunca se sintió acorralado para tener que mentir.

Cuando se trata de Navidad, algunos padres cristianos incluyen a Papá Noel en su tradición familiar, y otros no. Entre los que lo hacen, he conocido a muchos que incorporan a Papá Noel sin hacer creer a sus hijos que los regalos debajo del árbol los dejó un anciano alegre que bajó por la chimenea. Independientemente de cómo se maneje el tema de Papá Noel en tu hogar, ofrece la oportunidad de enseñar a los niños la necesidad de ser sabios con sus palabras, ya que están expuestos a otros niños cuya tradición navideña es distinta a la de ellos.

Las fiestas sorpresa, Papá Noel y la sensibilidad hacia los sentimientos de los demás son solo algunas de las áreas en las que brindar alegría a otra persona sin comprometer la verdad puede requerir algo de creatividad. Sin embargo, dado que Dios es el originador de la alegría y la verdad, seguramente nos ayudará a transmitir ambas cosas en tales situaciones, si se lo pedimos.

Las mujeres sabias toman en serio todo lo que Proverbios señala sobre la inevitable destrucción que trae la mentira, cuya realidad se materializa frente a nosotras todo el tiempo. La desaparición de la carrera política de John Edwards es un ejemplo reciente. Cuando los medios expusieron su relación extramatrimonial con un miembro del personal, al principio él negó los informes, pero a medida que crecía la evidencia de su infidelidad, no tuvo más remedio que admitir la verdad de que no solo le había sido infiel a su esposa, sino que también había tenido un hijo de esa aventura. Sus mentiras dañaron a numerosas personas: a fieles partidarios políticos, tanto a su hijo ilegítimo como a sus hijos legítimos, y a su esposa, a quien se le había diagnosticado cáncer al momento del escándalo. Su esposa, Elizabeth, se mantuvo fiel a su esposo hasta que se conoció el alcance de su intento por encubrirlo. Elizabeth Edwards murió hace algún tiempo, y aunque John estaba en la casa familiar al momento de su muerte, los medios informaron que ella había excluido a John de sus bienes testamentarios solo unos días antes. Sin duda, a quienes dañó quedarán marcados, pero con el tiempo es de esperar que lo que hizo y trató de encubrir no resulte perjudicial para sus vidas. No es así con el propio John. A los ojos del público, al menos, no será recordado como un gran político, sino como un mentiroso.

Falso testigo

Otra palabra necia que se encuentra en Proverbios es el falso testimonio, del cual la mentira es un subgrupo.

> El testigo verdadero no mentirá;
> Mas el testigo falso hablará mentiras (Pr. 14:5).

Lo encontramos también en el noveno mandamiento: "No hablarás contra tu prójimo falso testimonio" (Éx. 20:16). Cuando nos topamos con este mandamiento, nos viene a la mente la escena de un tribunal. Nos imaginamos a un oficial de la corte que coloca una Biblia ante un testigo y le pregunta: "¿Jura decir la verdad, toda la verdad y nada más que la verdad con la ayuda de Dios?". Sin embargo, no dar falso testimonio incluye más que decir la verdad en un tribunal. ¿Qué es exactamente el falso testimonio? El término es más amplio que la simple mentira, como señala el Catecismo Mayor de Westminster:

> Los deberes exigidos en el noveno mandamiento son el preservar y promover la verdad entre los hombres, y la buena fama del prójimo, así como la nuestra; testificar la verdad y mantenerla; y hablar de corazón, sinceramente, libremente, claramente y plenamente, la verdad, y solamente la verdad, en cuestiones de juicio y justicia, así como en cualquier otro asunto; una estima caritativa hacia nuestro prójimo; amando, deseando y regocijándonos por su buen nombre; entristeciéndonos por sus debilidades, y ocultándolas; reconociendo libremente sus dones y cualidades, defendiendo su inocencia; prontitud para recibir un buen informe, y falta de disposición para creer un mal rumor, acerca de ellos; disuadiendo a los chismosos, aduladores y calumniadores; un amor y cuidado por nuestro nombre defendiéndolo siempre que sea necesario; guardando las promesas lícitas, estudiando y practicando todas las cosas que son verdaderas, honestas, amables y que dan buena reputación.[1]

¡Parece, pues, que quebrantamos el noveno mandamiento cada vez que pecamos con la lengua! Cualquier pecado de la lengua quebranta el noveno mandamiento.

---

1. El Catecismo Mayor de Westminster, P. 144.

El Catecismo de Westminster señala algo interesante: podemos dar falso testimonio contra nosotras mismas cada vez que nos menospreciamos. Decimos: "¡Soy una imbécil!", cuando una fina vajilla de porcelana se nos escapa de las manos y se estrella contra el piso. También damos falso testimonio contra nosotras mismas cuando nos concentramos todo el tiempo en nuestras debilidades en lugar de mirarnos a través de los lentes de la Palabra de Dios. Necesitamos tener una autoestima saludable, declara el mundo, pero eso solo es posible si está enraizada en la Palabra de Dios. Una autoestima sana es la que refleja la imagen de Dios. El mundo nos incita a gloriarnos en nuestras propias fortalezas, en lo que nos hace estar a la altura o superar los logros de los demás. Por otro lado, la Biblia nos anima a regocijarnos de haber sido hechas a la imagen de nuestro Creador. Una autoestima verdaderamente saludable se puede vislumbrar en las palabras del salmista: "Porque tú formaste mis entrañas; tú me hiciste en el vientre de mi madre. Te alabaré; porque formidables, maravillosas son tus obras; estoy maravillado, y mi alma lo sabe muy bien" (Sal. 139:13-14).

Con respecto a nuestro prójimo, dar falso testimonio puede tener tanto que ver con lo que no decimos como con lo que decimos. Damos falso testimonio cada vez que nos negamos a levantarnos y defender a alguien de quien se está hablando mal en nuestra presencia (más sobre esto a continuación). También podemos dar falso testimonio contra nuestro prójimo en nuestro corazón cuando hacemos conjeturas y juzgamos sus intenciones o motivos.

> Martillo y cuchillo y saeta aguda
> Es el hombre que habla contra su prójimo falso testimonio
> (Pr. 25:18).

Exageración

También pecamos con nuestras palabras cuando exageramos la verdad. No estoy hablando de embellecer nuestras palabras como un recurso literario en momentos cuando contar una historia es divertido, y la audiencia sabe que las coloridas palabras del narrador están destinadas a causar efecto. Estoy hablando de sesgar los detalles de la vida real para llamar la atención. Puede que no parezca grave, pero con el tiempo todas las palabras de una persona exagerada pierden credibilidad.

> El corazón del sabio hace prudente su boca,
> Y añade gracia a sus labios (Pr. 16:23).

Piensa en nuestra respuesta natural a los comerciales de televisión. Realmente no creemos que esos famosos cereales, con miel, avena y azúcar, mejoren la atención de nuestros hijos en un veinte por ciento, o que usar champú con fórmula hidratante y restauradora transforme nuestro cabello genéticamente encrespado en una cabellera sedosa. No lo creemos, porque la experiencia pasada nos ha demostrado que los productos suelen prometer más de lo que ofrecen. Del mismo modo, si embellecemos la verdad de manera rutinaria, los demás comenzarán a tomar todas nuestras palabras con reservas.

Es algo contra lo que debemos estar en guardia, porque nos deslizamos muy fácilmente. "¡Odio el invierno!", decimos, pero es probable que no, si consideramos que el odio implica un fuerte deseo visceral de destrucción de alguien o algo. "¡Mi corte de cabello es un desastre total!". ¿Realmente? Tal vez deberíamos preguntárselo a un sobreviviente del tsunami japonés de 2011. "¡Adoro el *sweater* de casimir!". Esperemos que no, ya que solo debemos adorar a Dios.

La exageración es la forma de hablar americana, pero no es la forma de hablar de las mujeres sabias, que saben que, según Jesús, serán responsables de cada palabra imprudente que pronuncien.

La calumnia

Las mujeres sabias evitan la calumnia, que es destruir la reputación de otra persona. Proverbios señala que la calumnia es una característica de los necios:

> El que encubre el odio es de labios mentirosos;
> Y el que propaga calumnia es necio (Pr. 10:18).

Hace algunos años, un joven de nuestra comunidad se metió en problemas y lo pusieron bajo la disciplina en la iglesia. El pastor nos advirtió a los que estábamos al tanto de que no habláramos de tal situación con extraños, para proteger la reputación del joven. Me conmovió mucho la advertencia del pastor porque, según todos los relatos, el joven era claramente culpable de una mala acción. Sin embargo, hablarlo con otros podría haberlo dañado aún más. Las historias crecen a medida que se cuentan, y la naturaleza humana, por lo que es, cree lo peor de otros. Por eso, somos capaces de calumniar a una persona incluso cuando lo que decimos es cierto.

Palabras imprudentes

Otra necedad en las palabras que aborda el libro de Proverbios tiene que ver con cuánto y cuándo hablar. Proverbios asocia la necedad con la multitud de palabras, es decir, con hablar demasiado:

> En las muchas palabras no falta pecado;
> Mas el que refrena sus labios es prudente (Pr. 10:19).

Vemos allí que refrenar la lengua es un indicativo de sabiduría, lo que significa que cuánto hablamos es una forma de exponernos a los demás como mujeres necias o sabias. Las mujeres necias hablan sin pensar, mientras que las sabias son oportunas y juiciosas a la hora de hablar. Las mujeres sabias practican el discernimiento con sus palabras:

> El que ahorra sus palabras tiene sabiduría;
> De espíritu prudente es el hombre entendido.
> Aun el necio, cuando calla, es contado por sabio;
> El que cierra sus labios es entendido (Pr. 17:27-28).

> ¿Has visto hombre ligero en sus palabras?
> Más esperanza hay del necio que de él (Pr. 29:20).

> El corazón del justo piensa para responder;
> Mas la boca de los impíos derrama malas cosas (Pr. 15:28).

> Al que responde palabra antes de oír,
> Le es fatuidad y oprobio (Pr. 18:13).

Con respecto al último versículo, Proverbios 18:13, ¿tenemos la tendencia a interrumpir a los demás a mitad de la oración bajo la presunción de que sabemos lo que van a decir?

Ya que estamos en el tema, no puedo evitar pensar en aquellas de nosotras que caminamos por la vida con nuestro teléfono celular pegado a la cabeza como si fuera un apéndice de nuestro cuerpo. "¡Soy de hacer muchas cosas al mismo tiempo!" es la excusa que damos, pero solo en la última generación o dos se ha llegado a considerar que la multitarea es más virtuosa que los momentos de silencio y pensamiento reflexivo. Además, esa suele ser una excusa que nos permitimos cuando, por la razón que sea, estamos eludiendo quedarnos un tiempo a solas con nuestros pensamientos. Mientras estaba detenida con mi automóvil en un cruce de vías la semana pasada, decidí contar la cantidad de conductores que pude detectar que hablaban por su teléfono celular. De los doce automóviles que pasaron, había ocho conductores que estaban usando su celular; seis de ellos eran mujeres. Teléfonos en la carretera, en el vestidor, en el mostrador del restaurante: hablamos demasiado y, según Proverbios, hay necedad en eso.

Además de la sabiduría de cuándo y cuánto hablar, hay incluso sabiduría en la forma de entonar nuestra voz:

> El que bendice a su amigo en alta voz, madrugando de mañana,
> Por maldición se le contará (Pr. 27:14).

La mujer inmoral de Proverbios 7 está descrita como una mujer alborotadora.

> Alborotadora y rencillosa,
> Sus pies no pueden estar en casa (Pr. 7:11).

Y también la mujer necia:

> La mujer insensata es alborotadora;
> Es simple e ignorante (Pr. 9:13).

Cuando se trata de cuánto y con qué frecuencia hablamos y el tono de voz que utilizamos al hablar, esta es una palabra sabia:

> El que guarda su boca y su lengua,
> Su alma guarda de angustias (Pr. 21:23).

Ser sabias a la hora de hablar no solo nos guarda de angustias, sino que también nos trae alegría:

> El hombre se alegra con la respuesta de su boca;
> Y la palabra a su tiempo, ¡cuán buena es! (Pr. 15:23).

El chisme

Una de las cosas que el libro de Proverbios deja en claro es cuánto afectan nuestras palabras a nuestras relaciones. El chisme tiene un efecto negativo. La Biblia declara:

> El que anda en chismes descubre el secreto;
> Mas el de espíritu fiel lo guarda todo (Pr. 11:13).

En otras palabras, alguien que chismea sobre otra persona revela un espíritu infiel hacia esa relación. Además:

> El hombre perverso levanta contienda,
> Y el chismoso aparta a los mejores amigos (Pr. 16:28).

Este proverbio explica que no importa cuán sólida sea la base de una relación, los chismes pueden destruirla. Piensa en tu amistad más cercana: ¿qué te une a ella? ¿No son tus recuerdos de experiencias compartidas, tanto buenos como malos, y las confidencias que se han hecho mutuamente en medio de las complejidades y los momentos difíciles de la vida? Ahora piensa en lo que enseña Proverbios: el chisme tiene el poder de acabar con todo eso.

Aunque sabemos que el chisme es pecaminoso, tendemos a no considerarlo tan destructivo como lo hace Proverbios. A menudo lo vemos como un "pecadito", algo que sabemos que está mal, pero que no es lo suficientemente malo como para librar una guerra en nuestro corazón y nuestra vida. Algunas de nosotras presentamos el pecado del chisme como una "carga de oración", al revelar cosas personales sobre la vida de otras personas a nuestras amigas o grupo de estudio bíblico, en voz baja y con un gesto de preocupación en el rostro. Quienes escuchan con avidez son igualmente participantes de chisme. ¿Somos conscientes de que ofrecer un oído receptivo a los chismes es tan malo como expresarlos?

Ya sea que escuchemos chismes o los divulguemos, estamos demostrando que no somos personas dignas de confianza. ¿Entonces por qué lo hacemos? A veces lo hacemos porque pensamos que es una forma de profundizar un vínculo. "Estoy realmente preocupada por lo que hizo Sarah la semana pasada —le dice Sally a Susie— y tengo que hablarlo con alguien. Te lo digo porque sé que puedo confiar en que no se lo contarás a nadie". Irónicamente, Sally está socavando lo que quiere de Susie, un vínculo de confianza más profundo. En cierta medida, Susie se da cuenta de que, si Sally puede hablarle de Sarah, entonces también puede hablarle de ella a Sarah con la misma facilidad.

El chisme y todos los demás pecados de la lengua suscitan problemas en las relaciones. Piensa en cada conflicto que hayas tenido: ¿no fue una palabra cualquiera lo que lo inflamó? Probablemente, en este momento todas podemos pensar en uno o varios conflictos en nuestra vida o entre las personas que conocemos. ¿Cómo podemos usar nuestras palabras para responder sabiamente a tales conflictos? Una cosa que podemos hacer es comprometernos a no participar de ningún chisme, ya sea en divulgarlo o escucharlo.

> Sin leña se apaga el fuego,
> Y donde no hay chismoso, cesa la contienda (Pr. 26:20).

Dado que el chisme tiene consecuencias tan negativas, ¿por qué lo hacemos? Como ya notamos, una de las razones es que creemos la mentira de que nos unirá más a las personas con quienes chismeamos. Otra razón es la siguiente:

> Las palabras del chismoso son como bocados suaves,
> Y penetran hasta las entrañas (Pr. 18:8).

Principalmente, las Escrituras señalan que lo hacemos porque es agradable. La verdad de esto está demostrada por nuestra respuesta a los titulares estridentes que vemos en las revistas de los supermercados (publicaciones de chismes), mientras esperamos en la fila para pagar. Un simple vistazo a estos titulares nos permite conocer los asuntos sórdidos, los problemas legales, las adicciones y los hábitos alimenticios de las celebridades del momento. Una respuesta como la de Cristo sería tristeza, pero en lugar de eso, a menudo nos sentimos bien. La exposición de los sinsabores de los demás nos hace sentir mejor con nosotros mismos. *Al menos yo no tengo ese problema* —pensamos con engreída superioridad— o *Mi pecado no es tan malo como el de ella*. Echar un vistazo a los problemas privados de aquellos que tienen éxito según los estándares del mundo también nos hace sentir reivindicadas: todo su dinero, cuerpos perfectos y casas de Hollywood no pueden protegerlos de los mismos problemas que tienen los demás. Se nos recuerda en blanco y negro y en cuatro colores que la mundanalidad no paga lo que promete.

¿Es realmente tan malo? Lo es, porque estamos renovando nuestra satisfacción a expensas de los demás. Considera cómo Asaf manejó circunstancias similares en aquel tiempo:

> En cuanto a mí, casi se deslizaron mis pies;
> Por poco resbalaron mis pasos.
> Porque tuve envidia de los arrogantes,
> Viendo la prosperidad de los impíos.
> Porque no tienen congojas por su muerte,
> Pues su vigor está entero.

> No pasan trabajos como los otros mortales,
> Ni son azotados como los demás hombres…
> Los ojos se les saltan de gordura;
> Logran con creces los antojos del corazón.
> Se mofan y hablan con maldad de hacer violencia;
> Hablan con altanería.
> Ponen su boca contra el cielo,
> Y su lengua pasea la tierra…
> He aquí estos impíos,
> Sin ser turbados del mundo, alcanzaron riquezas.
> Verdaderamente en vano he limpiado mi corazón,
> Y lavado mis manos en inocencia…
> Si dijera yo: Hablaré como ellos,
> He aquí, a la generación de tus hijos engañaría.
> Cuando pensé para saber esto,
> Fue duro trabajo para mí,
> Hasta que entrando en el santuario de Dios,
> Comprendí el fin de ellos.
> Ciertamente los has puesto en deslizaderos;
> En asolamientos los harás caer.
> ¡Cómo han sido asolados de repente!
> Perecieron, se consumieron de terrores (Sal. 73:2-19).

Tal como lo hacemos a veces, Asaf se preguntaba si valía la pena seguir los caminos de Dios. Mientras observaba a las personas mundanas que lo rodeaban, vio sus aparentes ventajas y sintió envidia. Sin embargo, escuchar chismes sobre la ruina de los mundanos no era su manera de obtener paz. Más bien, lo encontró en la presencia de Dios, lo que le dio una perspectiva del futuro. Además, no fue la ruina de los mundanos lo que lo hizo sentir mejor; fue saber que la gloria de Dios y sus propósitos y caminos inevitablemente prevalecerán y, por lo tanto, el pueblo de Dios puede seguir sus caminos de manera segura.

El chisme nos hace sentir bien, como comer un sabroso bocado, por una variedad de razones. Por lo tanto, vamos a tener que hacer todos los esfuerzos para resistirlo, tal vez el esfuerzo de toda la vida. Vamos a tener que comprometernos a no "desahogarnos" ni espiritualizar nuestras palabras sobre los demás.

¿Qué pasa con situaciones o conflictos relacionales en los que necesitamos el consejo o comentario de alguien en quien confiamos? Seguramente, hay ocasiones en las que hablar de otra persona no entra en la categoría de chisme; en muchos de nuestros conflictos relacionales nos beneficiamos de una ayuda externa. Cuando se trata de determinar una cosa de la otra en nuestro caso particular, por lo general nuestro corazón nos avisará por qué queremos hablar de otra persona, si somos lo suficientemente sinceras como para prestar atención. ¿Estamos buscando vindicación? ¿Estamos trayendo a un tercero al conflicto porque queremos que alguien se ponga de nuestro lado? ¿O estamos buscando ayuda porque lo que buscamos es la reconciliación? Como ocurre con tantas cosas, nuestros motivos son los que marcan la diferencia.

La adulación

Otra necedad en las palabras que Proverbios destaca es la adulación:

> La lengua falsa atormenta al que ha lastimado,
> Y la boca lisonjera hace resbalar (Pr. 26:28).

Las mujeres empapadas de la sabiduría bíblica generalmente perciben la adulación; pueden sentir la diferencia entre un cumplido sincero y la adulación. El cumplido se hace como una manera de edificar al otro, mientras que la adulación se hace para beneficio personal. Los cumplidos están centrados en los demás; la adulación está centrada en nosotras mismas. Las personas que adulan buscan algo. Piensa en el canalla estereotipo; ese hombre apuesto con mucha labia que seduce a una mujer crédula y solitaria para quedarse con sus ahorros. ¿Cómo lo hace? La halaga. Ella es la criatura más hermosa de esta tierra, dice el hombre; y dado que ella desea con tanta desesperación ser amada, hará cualquier cosa, incluso empobrecerse, para no perderlo. Su adulación le ha ayudado a conseguir lo que quería.

Proverbios nos advierte que debemos tener cuidado y discernir:

> El hombre que lisonjea a su prójimo,
> Red tiende delante de sus pasos (Pr. 29:5).

La adulación nos atrapa donde somos débiles. Apela a nuestro deseo de ser amadas, admiradas y conquistadas. En cierto sentido, todas deseamos gustar a otros, y a esto apela la adulación. Los aduladores tratan de llegar a nosotras por medio de este deseo. Las mujeres sabias no solo cuidan su corazón de las palabras de adulación de los demás, sino que también cuidan su lengua de expresar lisonjas a otros. No le decimos a nuestro jefe que pronunció un discurso fantástico en la reunión de la junta, si fue mediocre. No le decimos a la vecina de al lado que todos en la localidad la admiran solo porque queremos que nos invite a su próxima fiesta. Un término coloquial para la adulación es "zalamería", que es a lo que recurrimos cada vez que ofrecemos elogios con la esperanza de obtener un beneficio personal.

Lenguas transformadas

Como podemos ver, la forma en que usamos nuestra lengua indica, en gran medida, si somos mujeres sabias o necias. Se nos conocerá por lo que decimos y cómo lo decimos. Esta verdad nos da bastante que pensar, porque ¿quién de nosotras no falsea la verdad, chismea, habla demasiado o adula? Todas pecamos con nuestras palabras. En este punto podemos ver otra forma en la que el libro de Proverbios nos muestra a Cristo. Queremos ser sabias, pero cuando descubrimos que gran parte de lo que decimos en realidad son palabras necias, reconocemos que nuestra necesidad de sabiduría supera con creces nuestra capacidad de apoderarnos de ella. Una lengua sabia proviene solo del Sabio perfecto, que nunca pronunció una palabra necia. Jesús nunca mintió, exageró, chismeó o aduló. Cada palabra que pronunciaba era perfecta para la ocasión y cumplía los propósitos de Dios. Solo en total dependencia de Él como Aquel cuyas palabras fueron perfectas por amor a nosotras, encontraremos lo que necesitamos para convertirnos en mujeres de palabras sabias. Y lo encontraremos, si lo buscamos. Si solo dependemos de nuestro esfuerzo en cuidar lo que decimos, las palabras sabias resultarán fastidiosamente esquivas; somos demasiado pecadoras para dominar la lengua por nuestra cuenta. Las mujeres de palabras sabias son aquellas cuyo corazón está siendo transformado por Cristo y reconocen que el cambio real y duradero se produce solo cuando meditan sobre todas las palabras de *Él*.

Palabras sabias

Vale la pena que la busquemos, y he aquí por qué:

> El hombre será saciado de bien del fruto de su boca;
> Y le será pagado según la obra de sus manos (Pr. 12:14).

Y

> Los labios del justo apacientan a muchos,
> Mas los necios mueren por falta de entendimiento (Pr. 10:21).

Las palabras regidas por la sabiduría bendicen no solo a quienes las escuchan, sino también a quienes las pronuncian. Proverbios describe claramente cómo bendicen las palabras sabias y de qué manera las utilizan las mujeres sabias.

Palabras suaves

De Proverbios aprendemos que cierto tono de voz, uno suave, evita las peleas:

> La blanda respuesta quita la ira;
> Mas la palabra áspera hace subir el furor (Pr. 15:1).

Las palabras suaves también traen sanidad:

> La lengua apacible es árbol de vida;
> Mas la perversidad de ella es quebrantamiento de espíritu
> (Pr. 15:4).

Vemos nuevamente aquí que las Escrituras asignan valor a nuestro tono de voz. Importa más de lo que pensamos, y reconocerlo es una señal de sabiduría.

Palabras oportunas

Una mujer sabia sabe qué decir y cuándo decirlo:

> La lengua de los sabios adornará la sabiduría;
> Mas la boca de los necios hablará sandeces (Pr. 15:2).

Ella sabe cuándo una reprensión es la mejor manera de amar a alguien:

> Mejor es reprensión manifiesta
> Que amor oculto (Pr. 27:5).

Una mujer sabia también sabe cuándo callar:

> Mejor es un bocado seco, y en paz,
> Que casa de contiendas llena de provisiones (Pr. 17:1).

Esto incluye aun saber cuándo testificar de Dios. Jesús dijo a sus seguidores: "No deis lo santo a los perros, ni echéis vuestras perlas delante de los cerdos, no sea que las pisoteen, y se vuelvan y os despedacen" (Mt. 7:6). Hace varios años, necesité sabiduría en este mismo contexto. Alguien que me importaba se burlaba de la fe cristiana, y cada vez que intentaba comunicarle el mensaje del evangelio, la respuesta que recibía era sarcasmo y blasfemia. Después de una conversación particularmente dolorosa, el Espíritu Santo trajo las palabras de Jesús registradas en Mateo a mi corazón, y desde ese día, durante muchos años, dejé de mencionar cualquier cosa sobre la fe cristiana en presencia de esa persona. No dejé de hacerlo porque estuviera ofendida; sino porque el nombre de Cristo estaba siendo difamado, y podía sentir que el Espíritu se entristecía durante tales conversaciones. Sin embargo, años más tarde mi amiga se sintió humillada por las penas de la vida y se volvió receptiva a escuchar la verdad. Me alegré cuando pude comenzar a hablarle de Jesús otra vez.

Saber cuándo cumplir el mandato de Jesús requiere sabiduría, porque es fácil confundir la difamación del evangelio por parte de alguien con lo que, en realidad, es solo nuestra incomodidad personal de hablar del evangelio con un escéptico. Entonces, ¿cómo discernimos la diferencia? D. A. Carson nos ayuda a hacerlo:

> Jesús ordena a sus discípulos que no compartan las mayores riquezas de la verdad espiritual con personas que son persistentemente hostiles, irresponsables e indiferentes. Así como los animales salvajes no apreciaron las perlas, sino que solo los enfurecieron y los llevaron a ser peligrosos, así también un gran número de personas no aprecian muchas de las riquezas de la revelación de Dios. Y, por doloroso que resulte verlo, puede que estas ricas verdades solo sirvan para enfurecerlas.[2]

Oídos sabios

Ser una mujer que habla con sabiduría requiere escuchar atentamente lo que dicen los demás. Con ese fin, Proverbios nos enseña la manera de escuchar a una persona que ha demostrado ser mentirosa:

> El que odia disimula con sus labios;
> Mas en su interior maquina engaño.
> Cuando hablare amigablemente, no le creas;
> Porque siete abominaciones hay en su corazón (Pr. 26:24-25).

---

2. D. A. Carson, *Jesus' Sermon on the Mount and His Confrontation with the World: An Exposition of Matthew 5–10* (Grand Rapids, MI: Global Christian, 1999), 113.

Esto es poderoso. La Palabra de Dios nos advierte que estemos en guardia contra aquellos que nos han mentido a sabiendas en el pasado, y nos está dando una pista de lo que reside en el corazón de un mentiroso. Si bien no podemos conocer el corazón de los demás de manera clara o precisa, Dios sí puede y, amablemente, la Biblia nos lo revela en parte aquí. A la luz de esta revelación y su llamado a estar en guardia, podemos hacernos eco de aquellos que dicen: "Miénteme una vez, vergüenza para ti. Miénteme dos veces, vergüenza para mí".

Otro momento en que es necesario el oído sabio es cuando estamos tratando de mediar en un desacuerdo entre otros. Proverbios nos advierte que escuchemos a ambas partes antes de emitir un juicio sobre el asunto:

> Justo parece el primero que aboga por su causa;
> Pero viene su adversario, y le descubre (Pr. 18:17).

Ya sabes lo que se dice: siempre hay tres lados en cada historia: el de él, el de ella y el real.

¡Cuánto mejores serán todas nuestras relaciones y cuánta más paz tendremos, cuando seamos sabias con nuestros oídos y nuestra lengua! El apóstol Pablo escribió: "Sea vuestra palabra siempre con gracia, sazonada con sal, para que sepáis cómo debéis responder a cada uno" (Col. 4:6). ¿Quién es suficiente para estas cosas? Uno solo: "Jehová el Señor me dio lengua de sabios, para saber hablar palabras al cansado; despertará mañana tras mañana, despertará mi oído para que oiga como los sabios" (Is. 50:4).

GUÍA DE ESTUDIO

Capítulo 3: Las mujeres sabias conocen el poder de las palabras

1. ¿Qué papel importante juegan nuestras palabras en nuestro rol de ayuda? Teniendo en cuenta los ejemplos que consideramos de las Escrituras (Ester y Dalila), describe un momento en que tus palabras influyeron en una situación para bien o para mal. ¿Hay alguna enseñanza particular de Proverbios que tu experiencia haya demostrado ser cierta?

2. Proverbios ofrece una buena perspectiva de la naturaleza destructiva de la mentira. ¿En qué área de tu vida has experimentado esta verdad? (Tal vez quieras repasar algunos proverbios específicos con el uso del apéndice).

3. ¿De qué manera el término *falso testigo* es mucho más amplio que el simple deber de decir la verdad frente a un tribunal?

4. De las palabras necias en particular que vimos en este capítulo, ¿hay alguna que siempre hayas considerado que no es tan grave? Si es así, ¿cómo ha cambiado tu punto de vista acerca de ellas como resultado de estudiar Proverbios?

5. Algunas conversaciones, aunque no son totalmente pecaminosas, aun así, entran en la categoría de palabras necias. ¿Qué se incluye en esta categoría según Proverbios?

6. ¿Es el chisme un punto débil para ti, ya sea con tu lengua o tu oído? ¿Qué verdades de Proverbios sobre los chismes te hablan de manera más directa y por qué? Elige un proverbio sobre el chisme para memorizar.

7. ¿Hay algo en tu vida actual que pueda hacerte susceptible a la adulación? ¿Cómo te protegerás contra eso específicamente?

8. ¿Cuáles son algunas características de las palabras sabias?

9. ¿Cómo se relacionan nuestros oídos con nuestra lengua cuando se trata de la sabiduría?

❀ 10. Lee los siguientes versículos acerca de las palabras sabias y necias de Santiago, el libro de la sabiduría del Nuevo Testamento. ¿Qué encuentras aquí que te aporta más conocimiento o refuerza lo que aprendiste de Proverbios?

- Santiago 1:19-20
- Santiago 1:26
- Santiago 2:8-12
- Santiago 2:14-17
- Santiago 3:2-12
- Santiago 4:11-12
- Santiago 4:13-16
- Santiago 5:12

El mundo...

Aunque una amiga me exprese la cosa más tonta que he escuchado, no la contradigo, porque no me gustaría que fuera negativa conmigo.
—Charlotte, 34, revista *Marie Claire*

La Palabra...

Fieles son las heridas del amigo;
Pero engañosos los besos del enemigo.
—Proverbios 27:6 (NBLA)

CAPÍTULO 4

LAS MUJERES SABIAS ELIGEN BIEN A SUS AMISTADES

Los puntos en común hacen a las amistades, me dijo mi padre cuando yo era una adolescente y, dado que estaba en esa edad difícil cuando las amistades van y vienen como las mareas del océano, sus palabras tuvieron un efecto inmediato y profundo en mí. Ese mismo día, la estructura social de la escuela secundaria de repente cobró sentido, y más tarde me di cuenta de que la verdad de sus palabras no se trataba solo de las fugaces mejores amigas de la adolescencia, sino también de las amistades entre adultos. Tendemos a vincularnos con aquellos cuyas vidas se cruzan con la nuestra de una forma u otra. A medida que envejecemos, la naturaleza de tales vínculos se profundiza. Los puntos en común que unen a los adolescentes (deportes, calificaciones, popularidad) cambian en la edad adulta (es de esperar que así sea) a otros, como la ética y la fe religiosa. Sin embargo, incluso como adultos, muchos de los vínculos que desarrollamos surgen de la conveniencia más que de la convicción, de motivos egoístas más que de Dios.

Considera las amistades en tu vida. ¿Cómo surgieron? ¿El vínculo se desarrolló después de pensarlo bien o por los puntos en común compartidos en la vida cotidiana? La mayoría de nosotras tenemos algunos vínculos como estos últimos: amistades preestablecidas que surgieron originalmente de relaciones informales con nuestras vecinas o compañeras de trabajo y se afianzaron con el tiempo. Tales amistades son importantes para el testimonio del evangelio y las oportunidades que presentan para mostrarles el amor de Cristo, y también porque es una de las bendiciones de la vida tener una buena relación y compañerismo con quienes nos rodean. No todas las amistades se entablan solo después de una reflexiva consideración.

Sin embargo, algunas sí, y en tales amistades nos vamos a centrar en este capítulo. Por *amiga*, nos referimos a alguien a quien elegimos para confiar nuestro corazón. Podemos aplicar correctamente la palabra *amistad* a muchas de nuestras relaciones, pero la que queremos abordar aquí es la del tipo que elegimos para dejar entrar en nuestro corazón hasta tal punto, que ejerce una gran influencia en nuestra vida. Amistades como estas deben elegirse con cuidado, como queda claro en Proverbios:

> El justo sirve de guía a su prójimo;
> Mas el camino de los impíos les hace errar (Pr. 12:26).
>
> El que anda con sabios, sabio será;
> Mas el que se junta con necios será quebrantado (Pr. 13:20).

Las trampas de la amistad

Antes de ver lo que declara Proverbios sobre las decisiones sabias en la amistad, consideremos algunos obstáculos que pueden llevarnos a tomar decisiones imprudentes y no decisiones sabias. En igualdad de circunstancias, ¿por qué elegimos profundizar el vínculo con ciertas personas que con otras? Analizar brevemente lo que nos motiva en este sentido puede resultar útil. Estas son algunas trampas que hay en nuestro corazón y nos llevan a elegir amistades destructivas.

Deseo pecaminoso

Hace años, mientras vivía en el centro de la ciudad de Filadelfia, mi vivienda quedaba al frente de la casa de un adicto a la heroína, un joven amistoso, pero totalmente perdido. Conversábamos de vez en cuando, y él me hablaba sin tapujos de su hábito, como si estuviera hablando de un día rutinario en la oficina. Había ciertos negocios en el vecindario, una tienda de videos y un pub en la esquina, a los que todos los días concurría y compraba sus drogas. En una ocasión, estaba comiendo en ese pub, y como sabía qué sucedía allí, presencié al menos una docena de estas transacciones ilegales durante mi comida. Personas de todos los ámbitos de la vida —hombres y mujeres, profesionales y prostitutas— entraban una por una al pub y se dirigían directamente a un hombre, el traficante de drogas, sentado en una banqueta al final de la barra. Por lo general, el comerciante y su patrón intercambiaban algunas palabras, y si justo bajabas la vista y mirabas por debajo del mostrador, podías ver el intercambio de dinero y un papel amarillo doblado que contenía una cantidad del polvo ilegal. Debido a todo lo que mi vecino me contó en esas conversaciones al frente de mi casa, pude ver de primera mano un aspecto de la ciudad clandestina. Una vez le pregunté a mi vecino cómo hacían los consumidores de drogas para descubrir lugares como el pub y la tienda de videos, y me dijo: "Si lo buscas, lo vas a encontrar".

Las amistades se pueden entablar de la misma manera. Si apreciamos algún placer o hábito pecaminoso, nuestro radar estará listo para encontrar a otras personas que compartan nuestra propensión, y cuando encontramos a alguien que la comparte, se puede formar un vínculo casi instantáneamente. A veces todo lo que se necesita es una palabra o dos. Tal vez sepas de lo que estoy hablando. Tómalo de un adicto a la heroína: si lo buscas, lo vas a encontrar.

Para no desarrollar tales vínculos, no se trata principalmente de evitar a todos aquellos que pecan en áreas que representan una tentación para nosotras, aunque eso pueda ser necesario por una temporada. La única defensa contra la formación de este tipo de vínculo destructivo es ser radicalmente sinceras con Dios acerca de cuánto amamos un pecado en particular, aunque sabemos que deberíamos odiarlo. El cambio real no comienza con nuestro esfuerzo por no cometer un acto pecaminoso, sino con ser sinceras delante de Dios sobre el hecho de que realmente no queremos ni esforzarnos por evitarlo. Díselo a Dios, luego cuéntaselo a una amiga piadosa. Estos son pasos concretos hacia el arrepentimiento y con el fin de evitar la trampa de una amistad destructiva.

Nuestro ego

Buscar amistades con personas cuya vida con Dios respetamos es, según Proverbios, una búsqueda verdaderamente sabia. Sin embargo, ¿queremos tener una relación con la líder del estudio bíblico o solo queremos que *nos conozcan* por tener una relación cercana con ella? A veces, no es tanto la amistad piadosa lo que buscamos, sino la reputación de ser mujeres piadosas. Lamentablemente, hay personas que se jactan de conocer a alguien para impresionar a los demás tanto en la iglesia como en cualquier otro ámbito. Por lo tanto, hacemos bien en considerar por qué y cómo contar que cenamos con el pastor y su esposa la semana pasada, o que uno de los ancianos le pidió consejo a nuestro esposo o que vamos a caminar todos los martes con la conferencista famosa del retiro que vive en nuestra comunidad.

> No te alabes delante del rey,
> Ni estés en el lugar de los grandes;
> Porque mejor es que se te diga: Sube acá,
> Y no que seas humillado delante del príncipe (Pr. 25:6-7).

La otra cara de esta situación es tener cuidado con nuestros motivos para profundizar una relación con alguien que *nos* admira. Esto resulta muy tentador cuando nos sentimos particularmente inseguras o cuando hace poco experimentamos un rechazo. Una forma de detectar esta motivación en nuestro corazón es si nos sentimos atraídas por alguien que nos halaga. Ya vimos lo que Proverbios enseña sobre la adulación, y nos advierte:

> No te entremetas, pues, con el suelto de lengua (Pr. 20:19).

Identidad infundada

Si no nos aferramos a Cristo como nuestra ancla, buscaremos seguridad en alguna otra parte —en todas partes— y mayormente en nuestras relaciones. A veces, sin darnos cuenta, nos aferramos a una amistad con el propósito de llenar ese vacío en nuestro corazón. Con respecto a este tipo de amistad, una cosa es cierta: no va a ser armoniosa por mucho tiempo. Y no podría ser de otra manera, cuando estamos tratando de colocar a un ser humano en el lugar que solo Dios puede llenar. En este tipo de amistad, cada persona se aferra a la otra en un intento de obtener lo que cada una cree que la otra le debería dar. La cultura popular lo llama "codependencia". La Biblia lo llama "idolatría". Sea como sea, Dios no diseñó la amistad como un medio para la gratificación egoísta. Estaremos insatisfechas con cualquier relación en la que busquemos obtener más de lo que queremos dar.

Por supuesto, todas estamos de acuerdo en que las amistades son una bendición para valorar y no algo para usar, pero nuestro corazón puede engañarnos sobre nuestros motivos. Los conflictos frecuentes en una amistad en particular pueden servir como un llamado a examinar nuestro corazón.

Bienes materiales

Por desagradable que sea pensarlo, Proverbios señala que algunos se acercan a los ricos solo por su dinero:

> Las riquezas traen muchos amigos;
> Mas el pobre es apartado de su amigo (Pr. 19:4).

Y

> Muchos buscan el favor del generoso,
> Y cada uno es amigo del hombre que da (Pr. 19:6).

Algunas mujeres ricas reconocen esta desagradable verdad sobre la naturaleza humana y la utilizan para su beneficio personal, como una forma de conseguir amistades. Otras mantienen la guardia alta y se cuidan de entablar amistad con cualquiera de quien sospechen que tiene un objetivo materialista. Sin embargo, la mujer rica que teme al Señor es capaz de reconocer la naturaleza humana y aun así amar a quienes buscan su amistad, sin importar sus motivos. Si bien reconoce las limitaciones de este tipo de amistad, no se ofende ni rechaza cruelmente a alguien que se acerca a ella por lo que posee y no por lo que es.

Falta de sabiduría para elegir las amistades

No es sorprendente que Proverbios sea tan tajante sobre la sabiduría de evitar las amistades con cierto tipo de personas. Lo sorprendente son la clase de personas sobre las cuales nos advierte.

La que se enoja fácilmente

Proverbios nos aconseja a no hacer amistad con personas que se enojan fácilmente. Hasta ahora, no creo que haya pensado mucho en el aspecto del enojo a la hora de evaluar el mérito de mis amistades. ¿Y tú? ¿Qué significa exactamente? ¿Significa que no deberíamos hacer amistad con alguien que no puede controlar su temperamento? Y si no deberíamos hacerlo, ¿por qué no? Para responder esas preguntas, debemos recordar que el énfasis aquí no son las relaciones con personas de nuestro entorno cotidiano, sino con aquellas a quienes elegimos entregarnos de corazón hasta el grado de dejarnos influenciar por ellas. Es probable que en ese contexto Proverbios nos advierta:

> No te entremetas con el iracundo,
> Ni te acompañes con el hombre de enojos,
> No sea que aprendas sus maneras,
> Y tomes lazo para tu alma (Pr. 22:24-25).

El tipo de enojo a la vista aquí no es tanto el ocasional arrebato de enojo verbal hacia un niño desafiante o un conductor detestable.

Más bien, es alguien "iracundo", es decir, alguien caracterizado por un espíritu irascible. La preocupación expresada en el proverbio no es que comencemos a tener expresiones de enojo, sino que nos dejemos influenciar por el pensamiento que subyace en el corazón del iracundo. Una persona crónicamente iracunda, por lo general, no vive conforme a los preceptos de Dios. De hecho, la ira crónica indica un corazón en guerra con Dios. Las personas crónicamente iracundas son aquellas cuyas demandas y expectativas personales no están siendo satisfechas, ni por Dios ni por las personas más cercanas a ellas. Un ama de casa que basa su reputación en tener una casa impecable se enojará cada vez que encuentre desorden, huellas de zapatos embarrados o camas sin hacer. Del mismo modo, una mujer soltera que no puede aceptar su estado civil podría reaccionar con amargura y enojo hacia las mujeres casadas, a quienes considera más bendecidas.

Todas tenemos esperanzas y expectativas, por supuesto, pero ¿cuál es la respuesta de nuestro corazón cuando las cosas no salen como nos gustaría? Una mujer sabia mantiene esperanzas realistas y confía en que, si no se materializan, Dios sabe qué es lo mejor. La ira crónica, por otro lado, es la respuesta típica de aquellas personas con una mentalidad de "aquí las cosas se hacen como yo digo o no se hacen". Es puro orgullo, y sobre eso nos advierte Proverbios. La relación estrecha con los orgullosos, cuyo orgullo se revela por su ira crónica, es siempre un peligro para nuestro corazón, porque todos somos orgullosos por naturaleza. Vivir cerca de Cristo es la única manera de evitar que el orgullo recupere el dominio en nuestra vida.

Alguien que se permite todo tipo de exceso

Otra cosa importante para considerar en una posible amiga es su nivel de interés y entrega a los placeres sensuales. En otras palabras, somos sabias si no elegimos amigas cercanas que están obsesionadas con los placeres terrenales y carnales. Una buena regla general con la cual medir nuestra salud espiritual en relación con las cosas creadas es el *desapego*. ¿Podemos vivir sin cierta comida y bebida, sin hacernos las uñas o sin esas vacaciones en Aruba? Nuestra libertad para disfrutar de tales cosas depende solo del grado en que no las necesitemos. Dios nos ha dado todas las cosas para que las disfrutemos, como escribió Pablo (1 Ti. 6:17), pero Proverbios advierte:

> No estés con los bebedores de vino,
> Ni con los comedores de carne;
> Porque el bebedor y el comilón empobrecerán,
> Y el sueño hará vestir vestidos rotos (Pr. 23:20-21).

Por otro lado, sabemos que Jesús pasó tiempo con grandes fiesteros (Mt. 11:19; Lc. 7:34). Entonces, ¿qué debemos concluir cuando tenemos estos pasajes que parecen guiarnos hacia cursos de acción polarizados? Aquí vemos muy claramente la necesidad de la sabiduría que viene de la Palabra de Dios. Las mujeres sabias, aquellas que gobiernan sus vidas en el temor del Señor, son mujeres que disciernen. Han aprendido a tener en cuenta no solo lo que declaran las Escrituras sobre un tema en particular, sino también la visión general de las Escrituras, antes de determinar cómo aplicarlas. Ante la decisión de profundizar o no la amistad con una mujer que parece demasiado entregada a los placeres sensuales, la mujer sabia considerará el hecho de que las personas son libres de disfrutar todo lo que Dios ha dado en la creación, pero sopesará también su decisión con lo que declaran las Escrituras acerca de las consecuencias de los excesos. Reconocerá que Jesús sí pasó tiempo con bebedores empedernidos, pero verá que su propósito al hacerlo no era terrenal; sino redentor. Como resultado del estudio de las Escrituras, podría concluir, por su propio bienestar espiritual, que profundizar tal amistad no es prudente, pero podría entablar una relación que incluya un testimonio regular del evangelio.

En este y todos los factores que consideramos al determinar la profundidad de una amistad en particular, recordamos la verdad de lo que alguien ha observado sabiamente: "Solemos amoldarnos a aquello que concentra nuestro interés y amor". Y de mayor peso aún son las palabras de Pablo: "No erréis; las malas conversaciones corrompen las buenas costumbres" (1 Co. 15:33).

Cómo elegir

Entonces, ¿cómo hacen las mujeres sabias para elegir a sus amistades? En otras palabras, ¿cómo determinan a quién es sabio confiar su corazón? Proverbios nos muestra qué buscar:

> Hierro con hierro se aguza;
> Y así el hombre aguza el rostro de su amigo (Pr. 27:17).

El criterio principal para elegir una amistad es considerar si la relación, en general, nos acerca al Señor. Espero que al meditar en este proverbio puedas identificar fácilmente a una amiga o dos que se ajusten a tal descripción. No quiero decir que no hagan nada más que leer las Escrituras y hablar de temas espirituales cuando se reúnan; sino, más bien, que después de haber pasado tiempo juntas, tu visión de Dios sea más grande y gozosa, y te encuentres más motivada a conocer Dios. Por supuesto, en tal amistad naturalmente tendrán muchas conversaciones sobre temas espirituales, así como una sincera apertura sobre las luchas con el pecado; pero incluso después de pasar tiempo juntas de manera intrascendente —un día en el zoológico o un paseo por el centro comercial— sin conversaciones profundas, sentirás que tu corazón está lleno de gratitud *a Dios* por dicha amistad.

Una simple pregunta que debemos hacernos acerca de la naturaleza de una relación en particular es: ¿Me hace florecer o me rebaja, tanto como mujer hecha a la imagen de Dios como en mi camino de la fe? Si se trata de una relación sabia, ambas personas se sentirán edificadas espiritualmente.

Una mujer sabia no tiene miedo de hacerse amiga de quienes hablan sobre el pecado. De hecho, se acerca a tales amistades porque quienes son sinceras sobre el pecado, el propio y el de sus amigas, tienden a preocuparse más por lo que Dios piensa que por ser popular.

> El ungüento y el perfume alegran el corazón,
> Y el cordial consejo del amigo, al hombre (Pr. 27:9).

En su tiempo, Jeremías reprendió a aquellos que tomaban a la ligera el pecado, aquellos que minimizaban cuánto Dios aborrece el pecado, así como las consecuencias del pecado. Con respecto a tales personas, Dios habló por medio del profeta con estas palabras: "Y curan la herida de mi pueblo con liviandad, diciendo: Paz, paz; y no hay paz" (Jer. 6:14). ¿Queremos amigas que nos hagan responsables de lo que hacemos? Si es así, no nos acercaremos demasiado a quienes aprueban nuestras prácticas cuestionables y nos dicen: "No pasa nada". ¿Qué tipo de amistad nos atrae más? Podríamos señalar rápidamente el primer tipo, pero la veracidad de nuestra respuesta queda más expuesta por dónde y con quién estamos pasando nuestro tiempo. La conclusión es que la elección de nuestras amistades son solo un reflejo de dónde estamos o dónde queremos estar con el Señor. Si nuestra relación con Dios es primordial, vamos a elegir amigas que la fortalezcan y, por lo tanto, reconoceremos la verdad del siguiente versículo:

> Fieles son las heridas del que ama;
> Pero importunos los besos del que aborrece (Pr. 27:6).

No solo en Proverbios, sino a lo largo de todas las Escrituras encontramos instrucción y sabiduría sobre cómo elegir a nuestras amistades más cercanas. El apóstol Pablo escribió lo siguiente: "Mas os ruego, hermanos, que os fijéis en los que causan divisiones y tropiezos en contra de la doctrina que vosotros habéis aprendido, y que os apartéis de ellos" (Ro. 16:17). Pablo estaba escribiendo aquí acerca de las personas que causan problemas en la iglesia y provocan controversia entre los creyentes.

Pablo también dio instrucciones específicas de evitar vínculos estrechos con cristianos cuyo estilo de vida negara su profesión de fe:

> Os he escrito por carta, que no os juntéis con los fornicarios; no absolutamente con los fornicarios de este mundo, o con los avaros, o con los ladrones, o con los idólatras; pues en tal caso os sería necesario salir del mundo. Más bien os escribí que no

> os juntéis con ninguno que, llamándose hermano, fuere fornicario, o avaro, o idólatra, o maldiciente, o borracho, o ladrón; con el tal ni aun comáis (1 Co. 5:9-11).

No solo debemos evitar una amistad íntima con creyentes que viven en pecado impenitente, sino que ni siquiera debemos juntarnos con ellos. Esto es difícil de poner en práctica, porque nos parece que es tener un espíritu muy sentencioso; pero en realidad es un acto de amor: amor por Dios y por el que está atrapado en el pecado. Primero, es un acto de amor hacia Dios porque nos negamos a hacer caso omiso de lo que le trae deshonra. Segundo, estamos demostrando al pecador que practica el pecado, que es grave. Evitar a tal persona no solo sirve para proteger nuestro propio corazón de la tentación y defender el honor de Dios, sino que también puede servir para traer convicción de pecado al corazón del pecador.

Hace algunos años, un hombre que conocí, un cristiano profesante, salió y admitió su lucha de toda la vida con la tentación homosexual. Edward había intentado durante años negar su tentación, pero se cansó de hacerlo y decidió abandonar su lucha. Me duele el corazón por Edward, porque nunca conoció el descanso y la paz que provienen de depender de Cristo. Abandonó a su esposa e hijos, y hoy vive abiertamente con una pareja masculina. También participa activamente en una organización que promueve la homosexualidad como un estilo de vida bíblicamente aceptable. Si bien, desde luego, es sumamente preocupante, también es preocupante que varios de los antiguos amigos de la iglesia de Edward continúan con su amistad como si nada hubiera cambiado y aceptan a los dos hombres como pareja. Estos amigos conocen la Palabra de Dios; entonces, o están ignorando descaradamente lo que Pablo instruyó hacer en tales casos o bien lo están esquivando, porque sostenerlo resultaría dolorosamente incómodo. Según Pablo, si los amigos de Edward realmente lo amaran, y tomaran en serio la Palabra de Dios, con amabilidad y gentileza se apartarían de él después de explicarle la razón.

Por supuesto, debemos sopesar las palabras de Pablo en Corintios con lo que escribió en Gálatas: "Hermanos, si alguno fuere sorprendido en alguna falta, vosotros que sois espirituales, restauradle con espíritu de mansedumbre, considerándote a ti mismo, no sea que tú también seas tentado" (Gá. 6:1). Nota la diferencia en la redacción entre los dos pasajes. Hay una diferencia entre ser sorprendido en alguna falta y vivir un estilo de vida de pecado impenitente. Un fruto de la sabiduría es el discernimiento, lo que significa que, en casos como estos, las mujeres sabias saben qué instrucción bíblica aplica mejor en cada caso particular. Hay veces, probablemente la mayoría de las veces, cuando apartarnos de un creyente pecador sería una acción incorrecta. ¿Nuestra amiga pecadora se siente miserable por su pecado y desea vencerlo, aunque trastabille una y otra vez? Si es así, haríamos bien en leer el pasaje de Gálatas y practicarlo con nuestra amiga. Por otro lado, si ella está a la defensiva al hablar de su pecado e insiste en seguir su propio camino durante un largo período de tiempo, podríamos considerar hablar con nuestro pastor sobre si es correcto seguir la instrucción de Corintios y cómo hacerlo. Si sospechamos que esta es la actitud más amorosa, hacemos bien en buscar consejo y obtener la ayuda de un pastor u otro creyente maduro. En cualquiera de los casos, el objetivo debe ser un compromiso de amor: amor por nuestra amiga, amor por Dios y amor por nuestra propia seguridad espiritual, y las mujeres sabias evalúan en oración la profundidad de la amistad según el caso.

¿Amiga o salvadora?

Proverbios hace esta advertencia:

> Hijo mío, si salieres fiador por tu amigo,
> Si has empeñado tu palabra a un extraño,
> Te has enlazado con las palabras de tu boca,
> Y has quedado preso en los dichos de tus labios.
> Haz esto ahora, hijo mío, y líbrate,
> Ya que has caído en la mano de tu prójimo;
> Ve, humíllate, y asegúrate de tu amigo.
> No des sueño a tus ojos,
> Ni a tus párpados adormecimiento;

> Escápate como gacela de la mano del cazador,
> Y como ave de la mano del que arma lazos (Pr. 6:1-5).

¿De qué habla Proverbios 6:1-5? Sabemos que no se refiere a no ayudar a las personas que están en problemas, porque a lo largo de las Escrituras se nos advierte que hagamos precisamente eso. Entonces, ¿qué significa el pasaje y cómo debemos aplicarlo?

Básicamente, el pasaje habla de no asumir la responsabilidad que pertenece a otro. Por otra parte, la misericordia hace precisamente eso. Vemos en la epístola a Filemón en el Nuevo Testamento, que Pablo asumió la deuda que pertenecía al esclavo fugitivo Onésimo. Ante todo, Jesús tomó y pagó nuestra deuda por el pecado al morir en la cruz. Sin embargo, las mujeres sabias pueden distinguir entre mostrar misericordia y adoptar una identidad incorrecta. A veces asumir la responsabilidad de otra persona es perjudicial. Observa las palabras del pasaje: *enlazado, preso, escápate de la mano del cazador*. Esas palabras implican que hay personas que se aprovechan de la bondad, la debilidad o las virtudes de los demás, y que cuando una mujer sabia se da cuenta de que ha caído en tal enredo relacional, se librará de él.

Se puede hacer una aplicación del pasaje al tipo de relación que los psicólogos hoy día denominan "codependiente". Proverbios lo denomina "el temor del hombre":

> El temor del hombre pondrá lazo;
> Mas el que confía en Jehová será exaltado (Pr. 29:25).

Cualquiera que sea el término que utilices, es aplicable a las relaciones en las que dos personas buscan encontrar significado o identidad, o escapar de los problemas de la vida, en lo que pueden obtener o hacer por la otra. Sin embargo, la Biblia declara que buscar significado e identidad en cualquier cosa o persona que no sea Cristo es idolatría. Y la idolatría siempre conduce a la esclavitud, cuyas palabras encontramos en Proverbios 6:1-5. Si no tenemos discernimiento acerca de tales relaciones en nuestra propia vida o acerca de nuestra tentación individual con la idolatría relacional, podríamos estar enlazadas.

Salir de la trampa de este tipo de relación no es tan fácil de hacer como de decir. La idolatría relacional ocurre cuando las personas se hacen tan grandes en nuestro corazón, que Dios se hace pequeño, y una vez que eso sucede, complacer a una persona se vuelve mucho más importante para nosotras que complacer a Dios. Ed Welch explica:

> He hablado con cientos de personas que terminan en este mismo lugar: están bastante seguras de que Dios las ama, pero también quieren o *necesitan* el amor de otras personas, o al menos necesitan *algo* de otras personas. Por consiguiente, están presas, controladas por otros y se sienten vacías. Están controladas por quienquiera o lo que sea que pueda darles lo que creen que necesitan. *Es* verdad: lo que necesitas o a quién necesitas te controlará.[1]

La salida se encuentra solo en apartar la mirada de tal relación y mirar a Dios. Si bien todavía estamos atrapadas en la trampa de la idolatría, esto puede parecer increíblemente difícil de hacer, por lo que James Boice pregunta:

> ¿Qué nos librará de los ídolos de nuestra vida? Sin duda no será otro ídolo. Ninguna fuerza de voluntad, porque estamos muertos en delitos y pecados, y por lo tanto no tenemos voluntad en absoluto en los asuntos espirituales. Lo único que lo hará es una visión de Aquel cuya gloria eclipsa todo lo demás y cuyo amor nos atrae solo a Él.[2]

Veremos que restaurar a Dios al lugar que le corresponde en nuestros afectos nos permite amarlo de manera suprema y también nos da

---

1. Edward Welch, *When People Are Big and God Is Small: Overcoming Peer Pressure, Codependency, and the Fear of Man* (Phillipsburg, NJ: P&R, 1997), 13-14; énfasis original.
2. James Montgomery Boice, *Minor Prophets: Two Volumes Complete in One Edition* (Grand Rapids, MI: Kregel, 1986), 94.

claridad sobre cómo amar a los demás. Veremos que nuestros esfuerzos por rescatar a nuestra amiga y resolver sus problemas en realidad le han impedido volverse a Dios. Apartar la mirada de la relación implica un acto de arrepentimiento. Incluye reorientar nuestro pensamiento. Se trata de reconocer que hemos quedado enlazadas por nuestro pecado. Y a veces significará eliminar la relación de nuestra vida. El remedio bíblico para la idolatría es siempre la destrucción del ídolo, no acariciarlo ni manipularlo.

El profeta Oseas muestra los pasos en el camino para salir de las relaciones idólatras y las bendiciones que vienen después que nos hemos arrepentido:

> Vuelve, oh Israel, a Jehová tu Dios; porque por tu pecado has caído. Llevad con vosotros palabras de súplica, y volved a Jehová, y decidle: Quita toda iniquidad... ni nunca más diremos a la obra de nuestras manos: Dioses nuestros...

Y después esto es lo que Dios hará:

> Yo sanaré su rebelión, los amaré de pura gracia; porque mi ira se apartó de ellos... Volverán y se sentarán bajo su sombra; serán vivificados como trigo... Efraín dirá: ¿Qué más tendré ya con los ídolos? Yo lo oiré, y miraré; yo seré a él como la haya verde; de mí será hallado tu fruto (Os. 14:1-8).

Para elegir nuestras amistades, debemos tener en cuenta lo que más agrada a Dios, no a nosotras ni a los demás. Lo hacemos cuando tenemos en cuenta los principios de amor basados en la Biblia, ya sea que se trate de ofrecer a alguien nuestro tiempo, nuestro dinero o nuestra vida.

Qué es ser una amiga

Hemos considerado cómo la Biblia nos guía en la elección de nuestras amistades, pero eso es solo la mitad de la ecuación. ¿Cómo *somos* buenas amigas? Podemos comenzar por esto:

> En todo tiempo ama el amigo,
> Y es como un hermano en tiempo de angustia (Pr. 17:17).

Ahí vemos que decidir no entablar o continuar una relación cercana con alguien no es lo mismo que negarse a amar. A veces el amor requiere la desvinculación, como acabamos de ver.

En otro aspecto menos importante, Proverbios da este consejo práctico para ser una buena amiga:

> Detén tu pie de la casa de tu vecino,
> No sea que hastiado de ti te aborrezca (Pr. 25:17).

En otras palabras, las buenas amigas no se quedan más tiempo de lo esperado. Una forma práctica de amar a los demás es ser consciente de sus necesidades y el valor de su vocación y su tiempo. ¿Nuestras amigas no contestan nuestras llamadas porque nunca cortamos el teléfono? ¿No nos invitan a tomar un café a media mañana porque quizás nos quedemos hasta el almuerzo?

La sabiduría de hacer que nuestro pie no permanezca demasiado en la casa de nuestra vecina también se puede aplicar al lugar que buscamos ocupar en sus afectos. En otras palabras, un espíritu posesivo nos impedirá ser una buena amiga. No debemos tratar nuestras amistades como posesiones personales. Si nos sentimos celosas del tiempo que una amiga pasa con otras personas o angustiadas cuando le revela confidencias a alguien además de nosotras, no estamos teniendo en cuenta qué es lo mejor para ella.

Ser una buena amiga también significa saber cuándo ocuparnos de nuestros propios asuntos:

> *Como* el que toma un perro por las orejas,
> Así es el que pasa *y* se entremete en pleito que no es suyo (Pr. 26:17, NBLA).

Siempre hay riesgo cuando nos entrometemos en los problemas relacionales de los demás, sin embargo, a veces corremos el riesgo porque es lo que más nos gusta hacer. Cuando se nos pide que mediemos en una discusión o que demos un consejo, lo hacemos sabiendo muy bien que nuestra participación podría volverse en nuestra contra. Sin embargo, si aportamos nuestro granito de arena sin que nos lo pidan, podrían acusarnos de ser entrometidas. El hecho de creer que nuestra perspectiva neutral proporcionará información que las personas directamente involucradas en el pleito no pueden ver, no significa que nuestra opinión sea necesaria. Se necesita discernimiento y humildad para determinar cuándo hablar y cuándo callar. Dicho esto, siempre es correcto buscar la mejor manera de confrontar el pecado flagrante e impenitente. Sin embargo, además, muchas veces es más inteligente mostrarnos dispuestas a ayudar en lugar de entrometernos cuando nadie nos pidió ayuda.

Al mismo tiempo, las mujeres sabias no miran hacia otro lado cuando sus amigas se encuentran atrapadas en el pecado, ni pasan por alto el pecado cuando se les pregunta al respecto, ya que tenemos en cuenta un proverbio que ya vimos anteriormente:

> Fieles son las heridas del amigo;
> Pero engañosos los besos del enemigo (Pr. 27:6, NBLA).

Cuando una amiga pregunta si hemos notado que acaba de aumentar casi quince kilos de peso, le decimos la verdad. Usamos su pregunta como una oportunidad para ahondar un poco, tal vez preguntarle si ha estado utilizando la comida para hacer frente a otro problema subyacente. Nuestra franqueza puede herirla inicialmente, pero la ayudará mucho más que decirle: "¿Quince kilos más? ¡No sé de qué estás hablando!", cuando está claro que lo hemos notado. O cuando notamos que una amiga en particular ha estado actuando de manera demasiado amistosa con su colega casado, señalárselo es el proceder de una amiga fiel. Ignorarlo porque es un tema incómodo o porque tememos que piense que somos legalistas es más parecido al beso del que aborrece.

El mejor amigo

Muchas de las que llamamos "amigas" pasan por nuestra vida por una temporada o dos. Lo que nos une al principio, esas áreas en las que nuestras vidas se cruzan, cambian con el tiempo, y luego el apego relacional se pierde. O una de nosotras crece espiritualmente mientras que la otra no. Las amigas nos defraudarán y nosotras también lo haremos. He oído decir que, si llegamos a la vejez con dos o tres amistades que han sobrevivido a todos los cambios de la vida, debemos considerarnos ricas en amistades. Sin embargo, Jesús es el mejor amigo y el único que nunca nos fallará. Y esta es una amistad que aceptan todas las mujeres sabias. "Ya no os llamaré siervos, porque el siervo no sabe lo que hace su señor; pero os he llamado amigos, porque todas las cosas que oí de mi Padre, os las he dado a conocer" (Jn. 15:15).

GUÍA DE ESTUDIO

Capítulo 4: Las mujeres sabias eligen bien a sus amistades

1. ¿Con quiénes pasas más tiempo? ¿Cómo surgieron y se desarrollaron esas amistades?

2. ¿Qué tiende a atraerte a ciertas amistades? Considera tanto las trampas como las cualidades piadosas que vimos en el capítulo 4.

3. ¿Alguna de tus amistades se caracteriza por los excesos? Si es así, ¿qué proverbios abordan eso y cómo?

❀ 4. Proverbios nos advierte que no abramos nuestro corazón a las personas que se enojan fácilmente. ¿Por qué? Puedes desarrollar una imagen bíblica más completa de la ira al estudiar los siguientes pasajes:

La ira de Dios	La ira del hombre (mujer)
Éxodo 32:1-10	Génesis 4:1-7
Números 11:1	2 Samuel 6:5-10
2 Samuel 6:5-10	Salmos 4:4
1 Reyes 11:1-9	Salmos 37:8
2 Crónicas 28:22-25	Eclesiastés 7:9
Salmos 30:5	Jonás 4:1-9
Salmos 38:1-4	Mateo 5:22
Salmos 85:1-8	Juan 7:32-33
Salmos 86:15	2 Corintios 12:20
Salmos 90:1-12	Gálatas 5:20
Isaías 57:16-17	Efesios 4:26
Jeremías 3:6-13	Efesios 4:31
Jeremías 4:22-26	Efesios 6:4
Oseas 14:1-4	Colosenses 3:8
Marcos 3:1-6	Santiago 1:19-20

5. ¿Por qué debemos ser cautelosas en profundizar el vínculo con una persona entregada a los placeres sensuales? ¿Qué tipo de excesos podría incluir eso, más allá de la comida y la bebida?

6. ¿Cuáles son algunos de los principios bíblicos para elegir sabiamente a las amistades? Conforme a tales principios, ¿tienes una amiga de "hierro" (Pr. 27:17)? ¿Qué pasa con esa relación que provoca el afilamiento mutuo?

7. ¿Te resulta difícil hablar con tu amiga cuando ves que se está desviando del camino de Dios? ¿Cuál es el riesgo aparente que temes? ¿Cuál es la diferencia entre decir la verdad en amor o juzgar a esa persona? ¿Cómo crees que se puede distinguir entre ambas cosas?

8. ¿Alguna vez has quedado atrapada en una relación idólatra? Si es así, ¿qué malos frutos de la idolatría se evidenciaron? ¿Cómo terminó la relación? Si aún no ha terminado, describe cómo te pueden ayudar los pasos del arrepentimiento de Oseas 14.

9. ¿Qué dicen las Escrituras acerca de las amistades con creyentes profesantes que viven en pecado impenitente? ¿Cómo determinamos cuándo acercarnos al pecador y cuándo alejarnos?

10. Jesús, por supuesto, es el mejor amigo. ¿Qué enseñan estos versículos sobre este aspecto de nuestra relación con Él?

- Éxodo 33:9-11
- Salmos 25:14
- Lucas 7:33-35
- Juan 15:13-15
- Santiago 4:4

El mundo...

"¡No te pongas siempre en último lugar!
Tú también necesitas gratificarte con las cosas
que te hacen bien. ¡Te lo mereces!".
—Jennifer LB Leese

"¡Date el gusto! Veinte maneras fantásticas
de sentirte fantástica",
—*The Woman's Connection*

La Palabra...

Comer mucha miel no es bueno,
Ni el buscar la propia gloria es gloria.
—Proverbios 25:27

CAPÍTULO 5

LAS MUJERES SABIAS CONOCEN EL SECRETO DEL DOMINIO PROPIO

Cuando piensas en el dominio propio, o en la necesidad de tenerlo, lo que probablemente te venga a la mente, si eres estadounidense, es comer. Vivimos en una sociedad que tiene más oportunidades de complacer los apetitos personales, que cualquier otra sociedad a lo largo de la historia. Y nos gratificamos con la comida, hasta el punto de que no sabemos cómo parar. Nuestras tiendas de comestibles nos brindan cientos de opciones de alimentos, y toma tanto tiempo leer detenidamente los menús de algunos restaurantes, como el último ejemplar de *Bon Appétit*. El canal de TV *Food Network* presenta numerosos programas instructivos y concursos de cocina, y los buenos chefs de hoy día poseen el estatus de celebridad.

No me malinterpretes, disfruto bastante de ver muchos de estos programas, pero no puedo evitar horrorizarme a veces por el valor desproporcionado que se le da a cómo se ve o sabe algo. La disposición de la mesa ya no se discute en términos de manteles individuales y velas; hoy se habla de todo tipo de arreglo y decoraciones. Solo escucha lo que la jueza del reality *Top Chef*, Gail Simmons, señaló sobre la salsa de un concursante: "Esa salsa de pepperoni es una locura... ¡Su sabor es intenso! Tan intenso... que incita nuestra imaginación, pensamiento y concentración y, de alguna manera, combina todo. Me hizo reír a carcajadas".[1] El pepperoni se ha convertido en mucho más que un sabroso aderezo para pizza; hoy es algo que despierta nuestra imaginación, pensamiento y diversión.

Hace algún tiempo, el actor George Clooney dio una entrevista en televisión. Había perdido mucho peso para un papel en una película, y la reportera le preguntó:

—George, ¿cuál es el secreto de tu dieta?

—No como mucho —respondió el actor.

Era evidente que la reportera no sabía muy bien cómo responder a su simple estrategia para perder peso, y entonces cambió de tema; pero George, sin darse cuenta, mencionó una verdad bíblica:

> ¿Hallaste miel? Come lo que te basta,
> No sea que hastiado de ella la vomites (Pr. 25:16).

Este proverbio nos imparte una sabiduría muy necesaria en nuestra cultura saturada de alimentos.

¿Has tenido las experiencias extremas de comer en exceso, no solo las físicas, sino también los "vómitos" emocionales que se producen después de comer en exceso? Siempre nos sentimos mal después, porque estamos llenas de arrepentimiento y nos recriminamos por haber comido de más. A pesar de esos feos sentimientos, tendemos a minimizar el aspecto pecaminoso de comer en exceso. Lo suavizamos y nos referimos al "exceso" de anoche y, en casos más extremos, al "trastorno alimentario" de alguien; pero no importa cómo lo llamemos, la Biblia lo llama gula:

---

1. http://www.bravotv.com/top-chef/season-8/blogs/gail-simmons/pepperoni-sauce?page=0,1.

> No estés con los bebedores de vino,
> *Ni* con los comilones de carne,
> Porque el borracho y el glotón se empobrecerán,
> Y la vagancia se vestirá de harapos (Pr. 23:20-21, NBLA).

Somos glotonas cuando comemos más de lo que necesitamos, cualquiera que sea la motivación subyacente. Somos glotonas cada vez que abusamos de la divina y buena dádiva de la comida para gratificarnos o escapar de las emociones perturbadoras o para tratar de tener el control de la vida. Por eso las personas con anorexia por trastorno alimentario también entran en la categoría de glotones. Cualquiera que alguna vez haya abusado de la comida como una manera de lidiar con el estrés, aliviar el aburrimiento o escapar de la soledad conoce la verdad de este proverbio:

> El hombre saciado desprecia el panal de miel;
> Pero al hambriento todo lo amargo es dulce (Pr. 27:7).

Hoy en los Estados Unidos, comer, para muchos, tiene que ver con el placer, pero en numerosos lugares del mundo, la comida tiene que ver más con la supervivencia básica. Los desórdenes alimenticios y otras manifestaciones de la glotonería no predominan en los países subdesarrollados, pero la abundancia de alimentos en Occidente ha hecho que sea una vía fácil para la manifestación de nuestro pecado. Damos por descontada la comida y la usamos mal en lugar de comer con el propósito de glorificar a Dios con buena salud y gratitud por su generosidad. Proverbios nos ofrece una pauta general para comer bíblicamente:

> Comer mucha miel no es bueno,
> Ni el buscar la propia gloria es gloria (Pr. 25:27).

En otras palabras, comer con moderación es bueno. Nos permite no solo glorificar a Dios, sino también disfrutar de nuestra abundancia de alimentos como Dios lo dispuso.

¿Qué es exactamente el dominio propio?

¿Cómo definirías el dominio propio? Lo primero que podríamos decir es que el dominio propio es algo difícil. Lo sabemos por experiencia propia. Podríamos definirlo de esta manera: el dominio propio es lograr y mantener el control de nosotras mismas, lo que incluye el control de nuestras emociones, nuestras palabras y todos nuestros apetitos físicos. Las mujeres sabias reconocen que el dominio propio proviene de someterse al control de *Dios* en cada área de la vida. Por lo tanto, el dominio propio es, en realidad, dejarnos controlar por Dios.

El dominio propio también es algo que todas *necesitamos*, y Proverbios nos explica por qué:

> Como ciudad derribada y sin muro
> Es el hombre cuyo espíritu no tiene rienda (Pr. 25:28).

Las ciudades antiguas estaban rodeadas de muros infranqueables. Esos muros servían como primera línea de defensa contra posibles atacantes. Leemos en el libro de Josué que los israelitas no pudieron entrar en la ciudad de Jericó hasta que Dios milagrosamente hizo que los muros de la ciudad se derrumbaran (Jos. 6:15-20). Comprender este aspecto de las ciudades antiguas nos permite comprender la metáfora del proverbio. Sin los muros del dominio propio, tenemos poca defensa contra nuestros enemigos, que consisten en cualquier cosa que debilite o disminuya nuestra capacidad de obedecer a Dios y glorificarlo con nuestra vida.

Pablo nos enseña algo sobre el dominio propio en su carta a los Gálatas. En el capítulo 5 de dicha carta, hace un contraste entre dejarnos controlar por nuestros deseos naturales y dejarnos controlar por el Espíritu Santo. Nos muestra el contraste por medio de dos listas. La primera es una lista de cosas, "obras de la carne", que brotan de nuestra naturaleza caída, y la segunda es una lista de cualidades, el "fruto del Espíritu", que se manifestarán en nuestra vida al dejarnos controlar progresivamente por Cristo. Las obras de la carne no son difíciles de identificar, tal como lo expresa a continuación:

> Y *manifiestas* son las obras de la carne, que son: adulterio, fornicación, inmundicia, lascivia, idolatría, hechicerías, enemistades, pleitos, celos, iras, contiendas, disensiones, herejías, envidias, homicidios, borracheras, orgías, y cosas semejantes a estas; acerca de las cuales os amonesto, como ya os lo he dicho antes, que los que practican tales cosas no heredarán el reino de Dios (Gá. 5:19-21).

En otras palabras, ciertos hábitos y comportamientos se manifiestan como pecado por el fruto negativo que producen, cuyo resultado final es la separación de Dios y su reino. Cada elemento de esa lista es una manifestación del pecado. Cada uno tiene una cualidad dominante y adictiva que, si no se controla, con el tiempo, tomará las riendas de una vida y la terminará por dominar.

En otro pasaje, Pablo nos brinda una perspectiva espiritual sobre este espiral descendente. Con la perversión sexual como ejemplo, nos da una idea del funcionamiento del corazón de aquellas personas que están esclavizadas por lo que hoy llamamos "adicción":

> Profesando ser sabios, se hicieron necios, y cambiaron la gloria del Dios incorruptible en semejanza de imagen de hombre corruptible, de aves, de cuadrúpedos y de reptiles. Por lo cual también Dios los entregó a la inmundicia, en las concupiscencias de sus corazones, de modo que deshonraron entre sí sus propios cuerpos, ya que cambiaron la verdad de Dios por la mentira, honrando y dando culto a las criaturas antes que al Creador, el cual es bendito por los siglos. Amén. Por esto Dios los entregó a pasiones vergonzosas (Ro. 1:22-26).

Proverbios lo expresa de la siguiente manera:

> Prenderán al impío sus propias iniquidades,
> Y retenido será con las cuerdas de su pecado.
> Él morirá por falta de corrección,
> Y errará por lo inmenso de su locura (Pr. 5:22-23).

Cuando las personas buscan la satisfacción lejos de Dios, al principio piensan que están en el camino del deleite y la libertad, pero la realidad es todo lo contrario. Son personas necias, porque buscan satisfacer sus deseos en lo que Dios ha creado y no en Aquel que las creó. Con el tiempo, Dios entrega a tales personas a sus deseos. Si lees todo el capítulo de Romanos, verás que ser entregados a los deseos pecaminosos de nuestra carne es el juicio final de Dios sobre el pecado impenitente.

Hace algún tiempo me encontré con un viejo conocido al que no había visto en veinte años. Mientras tomábamos un café, me dijo que desde la última vez que lo había visto, había pasado muchos años alejado del Señor y había estado atrapado en un pecado sexual desenfrenado. Estaba buscando al Señor de nuevo, comentó, pero seguía luchando con el deseo de algunas de las prácticas pervertidas en las que había participado. Mientras me contaba un poco más, dijo con una sonrisa irónica: "Hice algunas cosas bastante horribles, y me sorprende que Dios no me haya fulminado en el proceso". No se dio cuenta de que su deseo pervertido era en sí mismo un anticipo de lo que finalmente habría sucedido en toda su extensión si no se hubiera arrepentido. Tal es la naturaleza del pecado y el trato de Dios con él, seamos cristianos o no. James Boice escribe:

> Cuando nos deslizamos cada vez más en el pecado, nos engañamos al pensar que solo nos vamos a hundir un poco o al menos que hay puntos más allá de los cuales nunca pasaremos, límites que nunca cruzaremos, pero eso es pura fantasía. Cuando comenzamos a descender por ese camino, no hay puntos más allá de los cuales no iremos ni límites que nunca cruzaremos, si vivimos lo suficiente... Cuando venimos a Cristo, la pregunta no es "¿Qué tan bajo puedes caer?". Ya no formulamos esa pregunta, sino "¿Qué tan alto puedes subir?". Y a esa pregunta la respuesta también es: no hay límite. Debemos ser cada vez más semejantes al Señor Jesucristo por toda la eternidad.[2]

---

2. James Montgomery Boice, *Romans, An Expositional Commentary, vol. 1: Justification by Faith* (Grand Rapids, MI: Baker, 1991), 199-200.

Y aquí es justo donde cabe mencionar la segunda lista de Pablo: "Pero el fruto del Espíritu es amor, gozo, paz, paciencia, benignidad, bondad, fidelidad, mansedumbre, dominio propio; contra tales cosas no hay ley" (Gá. 5:22-23, NBLA).

Aquí descubrimos que el dominio propio de Proverbios 25:28 no es una característica natural, algo que, si nos esforzamos lo suficiente, podemos tener. Nuestro entendimiento de esta verdad es mucho más cabal como resultado de lo que leemos en Gálatas. En ambos Testamentos, queda claro que el dominio propio solo es posible por medio del Señor viviente. En Proverbios lo conocemos como el temor del Señor, vivir bajo Él en confianza, sumisión y dependencia. En el Nuevo Testamento, encontramos una descripción mucho más completa. El dominio propio proviene de nuestra unión con Cristo. Solo aquellos que viven en comunión con Dios pueden comprender y mantener un verdadero dominio propio. Cualquiera puede modificar su comportamiento, pero la modificación del comportamiento no es lo mismo que el dominio propio, porque, desde un punto de vista bíblico, solo uno de ellos —el dominio propio— tiene que ver con la persona en su totalidad: cuerpo, mente y corazón.

¿Quién no quiere eso? Todas queremos caracterizarnos por el dominio propio. ¿Pero cómo? ¿Cómo podemos vivir así constantemente? Todas podemos identificarnos con Pablo, cuando dijo: "Porque lo que hago, no lo entiendo; pues no hago lo que quiero, sino lo que aborrezco, eso hago" (Ro. 7:15). Todas preferiríamos tener el control en lugar de dejarnos controlar por algo o alguien. Incluso, cada una de nosotras luchamos por tener dominio propio en una o más áreas de nuestras vidas. Sin embargo, Dios nunca nos deja en la oscuridad en lo que respecta a la obediencia:

> Digo, pues: Andad en el Espíritu, y no satisfagáis los deseos de la carne. Porque el deseo de la carne es contra el Espíritu, y el del Espíritu es contra la carne; y estos se oponen entre sí, para que no hagáis lo que quisiereis (Gá. 5:16-17).

Y

> Pero los que son de Cristo han crucificado la carne con sus pasiones y deseos. Si vivimos por el Espíritu, andemos también por el Espíritu (Gá. 5:24-25).

Pablo nos muestra que cuando se trata de tener dominio propio, existe un equilibrio entre lo que Dios hace y lo que nosotras hacemos. En lo que respecta a nuestra parte, debemos andar en el Espíritu y crucificar nuestra carne; en otras palabras, debemos matar de hambre a los impulsos naturales que amenazan con dominarnos y debemos caminar en el Espíritu. Esto significa exponernos regularmente a la Palabra de Dios y otros creyentes para que, en el proceso, podamos ser transformadas a la imagen de Cristo. Pablo estaba declarando una verdad cuando dijo que, si andamos en el Espíritu, no sucumbiremos constantemente a las cosas que nos hacen mal. Si estamos en Cristo, podemos ser mujeres con dominio propio.

Estas son buenas noticias. Si hemos experimentado repetidos fracasos en nuestros intentos por dejar de comer de más o gastar en exceso o cualquiera que sea nuestra lucha particular, *¡no tiene por qué ser así!* Sin embargo, muchas veces lo sigue siendo. Con demasiada frecuencia nos encontramos como la ciudad en ruinas que se queda sin muros. ¿Qué derriba nuestros muros? Veamos cinco posibilidades.

Cinco obstáculos para el dominio propio

1) Deseos opuestos

Una de las razones por las que nos cuesta tener dominio propio es que nuestro deseo de tener el control está constantemente en guerra con nuestro deseo de aquello sobre lo que necesitamos controlar. Si eres una mujer cuyo peso fluctúa como un yo-yo, sabes de lo que hablo. Cada invierno aumentas cinco kilos, y cada verano adelgazas ocho. Con el tiempo, decides perder esos kilos acumulados, y lo haces, solo para descubrir que la balanza vuelve a subir unos meses más tarde. O finalmente te desanimas y te das por vencida, o continuas con el yo-yo por el resto de tu vida. *¡Pero no tiene por qué ser así!*

Ya sea que el problema sea el peso o cualquier otra cosa, el yo-yo en cualquier comportamiento es un aviso de que estamos en medio de una guerra interna. Tenemos una relación de amor-odio con una cosa, un deseo o una sustancia. No queremos ser gobernadas por esa cosa, pero en cierto sentido tampoco queremos renunciar a ella. No nos gusta el efecto negativo que tiene sobre nosotras (nuestro cuerpo, nuestras relaciones, nuestra vida espiritual), pero en cierta medida, de alguna manera, estamos obteniendo el resultado de ceder a la tentación. Una mujer que come por estrés detesta el resultado: aumentar de peso, que la ropa le quede ajustada. Al mismo tiempo, no quiere renunciar al alivio de su estrés que le proporciona la comida. No puede tener dominio propio sobre su alimentación, porque su deseo de adelgazar compite con su deseo de tener el alivio del estrés instantáneo, aunque breve, que experimenta mientras come. Jesús dijo: "Todo reino dividido contra sí mismo, es asolado, y toda ciudad o casa dividida contra sí misma, no permanecerá" (Mt. 12:25). Si estamos divididas entre dos deseos, no tendremos éxito.

2) Motivos incorrectos

A veces, el dominio propio sigue siendo esquivo porque lo buscamos por las razones equivocadas. Si le hemos estado pidiendo a Dios que nos ayude a desarrollar dominio propio en un área en particular, pero parece que no estamos progresando, quizás Dios esté respondiendo de una manera que no habíamos considerado. Nos podría estar guiando a examinar nuestro corazón. ¿Por qué oramos por dominio propio? Si es solo porque estamos hartas y cansadas de las consecuencias de nuestros excesos, o porque queremos sentirnos mejor con nosotras mismas, estamos dejando a Dios afuera de la ecuación. Dios no está interesado en ayudarnos con nuestro programa de superación personal; a Él le interesa nuestra santidad. Santiago escribió: "Codiciáis, y no tenéis; matáis y ardéis de envidia, y no podéis alcanzar; combatís y lucháis, pero no tenéis lo que deseáis, porque no pedís. Pedís, y no recibís, porque pedís mal, para gastar en vuestros deleites" (Stg. 4:2-3).

La superación personal no necesariamente nos acerca a Dios o glorifica a Cristo. Por lo general, tiene más que ver con la gloria propia. La santidad, por otro lado, permite una comunión más estrecha con Dios y le da gloria, y como consecuencia, obtenemos aquello que buscábamos en primer lugar: el bienestar general y la libertad de los efectos destructivos del pecado. Descubriremos que el dominio propio es mucho más fácil de conseguir, si lo deseamos porque queremos eliminar los obstáculos en nuestra relación con Dios.

Además, los intentos de superación personal, que no estén motivados por el amor a Dios, probablemente no tengan éxito a largo plazo. En su parábola sobre el espíritu inmundo, Jesús estaba describiendo una escena terrible de lo que les sucede a aquellos que intentan alcanzar su propia justicia, pero también puede aplicarse a aquellos que tratan de manejar sus vidas, de alguna manera, sin tener una relación vital con Dios. Cuando el espíritu inmundo regresa a su morada, encuentra la casa barrida y ordenada. "Entonces va, y toma consigo otros siete espíritus peores que él, y entrados, moran allí; y el postrer estado de aquel hombre viene a ser peor que el primero. Así también acontecerá a esta mala generación" (Mt. 12:43-45).

3) Subestimar el poder destructivo de los excesos

Algo que al principio resulta beneficioso terminará por destruirnos si no ejercemos dominio propio sobre ello. Sin embargo, con demasiada frecuencia no vemos más allá. Nos excedemos porque anhelamos una satisfacción inmediata. Hay muchas cosas que ofrecen la solución inmediata —escapar del estrés, el aburrimiento o la soledad—, pero usar las buenas dádivas de Dios otorgadas a la creación como anestesia para las dificultades de la vida no funciona por mucho tiempo. Sin darnos cuenta, descubrimos que hemos sido engañadas. Lo que comenzó como una agradable diversión se ha convertido en algo sin lo que no sabemos cómo vivir. "Porque el que es vencido por alguno es hecho esclavo del que lo venció", escribe el apóstol Pedro (2 P. 2:19), y Proverbios señala:

> Hay camino que al hombre le parece derecho;
> Pero su fin es camino de muerte (Pr. 14:12).

Los alcohólicos y drogadictos nunca tuvieron la intención de convertirse en esclavos. De hecho, se puede decir que jamás pensaron que lo serían. Tratar tales cosas en un libro para mujeres cristianas no está fuera de lugar, porque las cristianas no están exentas de la creciente población de personas que caen en estas trampas. Y solo considera cuánto enseña la Biblia —escrita para y por hijos de Dios— sobre los peligros del abuso del alcohol. No, los cristianos no están exentos. Hace poco escuché a alguien hacer una broma: "La diferencia entre presbiterianos y bautistas no es que unos beben y los otros no; es que los presbiterianos beben en público, y los bautistas beben en secreto". Me dio tristeza su cinismo, en especial porque era relativamente nueva en la fe, y esto es lo que había observado en su corta permanencia en la Iglesia de Jesucristo.

Siempre hay un componente demoníaco en el abuso de sustancias. Las drogas y el alcohol adormecen la conciencia, y anulan la restricción inherente al pecado que nuestra conciencia nos brinda. Por eso las personas hacen todo tipo de cosas horribles bajo la influencia de las drogas y el alcohol, cosas que de otro modo su conciencia las constreñiría. El alcohol es el causante de muchas de las caídas en pecado sexual, al igual que de los desacuerdos relacionales, las compras compulsivas y las palabras dichas sin pensar. Además, el abuso de drogas y alcohol conduce a la destrucción personal y relacional, que es el objetivo del diablo para todos los seres humanos. Todo pecado destruye, pero hay algo en el abuso de sustancias que lo revela de manera muy clara. Proverbios presenta una imagen de cómo el alcohol destruye:

> ¿Para quién será el ay? ¿Para quién el dolor? ¿Para quién las rencillas?
> ¿Para quién las quejas? ¿Para quién las heridas en balde?
> ¿Para quién lo amoratado de los ojos?
> Para los que se detienen mucho en el vino,
> Para los que van buscando la mistura.
> No mires al vino cuando rojea,
> Cuando resplandece su color en la copa.

Se entra suavemente;
Mas al fin como serpiente morderá,
Y como áspid dará dolor.
Tus ojos mirarán cosas extrañas,
Y tu corazón hablará perversidades.
Serás como el que yace en medio del mar,
O como el que está en la punta de un mastelero.
Y dirás: Me hirieron, mas no me dolió;
Me azotaron, mas no lo sentí;
Cuando despertare, aún lo volveré a buscar (Pr. 23:29-35).

Queremos pensar que los cristianos son menos susceptibles a la esclavitud del alcohol o las drogas, pero si fuera así, Pablo no habría tenido la necesidad de instruir: "Las ancianas asimismo sean reverentes en su porte; no calumniadoras, no esclavas del vino" (Tit. 2:3). Allí estaba hablando específicamente de las mujeres cristianas. Tampoco debemos engañarnos al pensar que los excesos tienen que ver solo con abusar de algo en un momento dado. También puede tratarse de beber con *demasiada frecuencia*. Si te gusta el vino en la cena, ¿puedes cenar con o sin él? La indiferencia es la clave. Somos libres de disfrutar algo solo en la medida en que no nos importe si lo tenemos o no.

John Piper no bebe, pero tiene claro que las Escrituras no prohíben el consumo de alcohol. Piper da cuatro razones básicas por las que elige no beber: (1) su conciencia no se lo permite, y sabe que, si bien beber puede no ser un pecado, violar la propia conciencia sí lo es (Ro. 14:22-23); (2) el alcohol es una droga que altera la mente; (3) el alcohol es adictivo, y (4) quiere hacer una declaración social. Sobre esta última escribe:

> Elijo oponerme a los estragos del abuso del alcohol mediante un boicot al producto. Si la gente puede hacer huelgas de hambre como una declaración política y boicotear los productos de Nestlé como una declaración sobre la nutrición infantil y la explotación del tercer mundo; si la gente puede prescindir de

> la lechuga en aras de la solidaridad con los trabajadores agrícolas del sur de California, o renunciar al pan blanco y a la azúcar granulada, ¿es realmente tan mojigato o intolerante renunciar a un asesino de carreteras, un rompe hogares y un destructor de empresas?[3]

Todos sabemos que el alcoholismo se ha desenfrenado en nuestra sociedad, ya sea que lo controlemos o no como lo hace John Piper: con abstinencia total. Si hacemos uso de nuestra libertad bíblica para disfrutar de una bebida, solo somos libres en la medida en que podamos prescindir de ella. Por lo tanto, si descubrimos que somos incapaces de negarnos una gratificación (el alcohol, la comida, la televisión, salir de compras o una aventura amorosa) y nos negamos a enfrentar ese hecho y lidiar con ello, con el tiempo experimentaremos esta verdad:

> Hombre necesitado será el que ama el deleite,
> Y el que ama el vino y los ungüentos no se enriquecerá (Pr. 21:17).

4) No conocernos a nosotras mismas

¿Sabes qué cosas te hacen tropezar, esas tentaciones particulares que te atraen al pozo del pecado una y otra vez? A veces no lo sabemos porque no lo queremos saber. Sin embargo, esta negación a saberlo es el beso de la muerte en lo que respecta al dominio propio. También es orgullo. Las mujeres que desarrollan dominio propio son aquellas que humildemente reconocen sus debilidades personales. Solo los humildes pueden reconocer y admitir sus debilidades, y es esta misma humildad la que halla gracia para arrepentirse de la autosuficiencia y depende de Cristo para la práctica rutinaria del dominio propio. Pablo señaló: "Así que, el que piensa estar firme, mire que no caiga" (1 Co. 10:12).

---

3. John Piper, "Total Abstinence and Church Membership", http://www.desiringgod. org/resource-library/sermons/total-abstinence-and-church-membership.

Sin embargo, a veces en lugar de reconocer el pecado y la tentación, lo atribuimos a nuestra "personalidad adictiva", pero ese es un argumento débil. Todas tenemos una personalidad adictiva, en un grado u otro, porque todas somos pecadoras cuyos "deseos de la carne" reclaman por saciarse. Saber en qué área somos débiles es crucial en la batalla por la santidad, porque solo así desarrollaremos una estrategia eficaz contra ella. Conocernos a nosotras mismas es también un componente vital de la sabiduría.

Las mujeres sabias aprenden a reconocer sus disparadores personales. ¿El aburrimiento te obliga a comer? ¿El estrés te lleva a beber o a tomar analgésicos? ¿La soledad te absorbe en horas de televisión repetitiva y autómata? ¿La tristeza te lleva a pasar por la puerta del centro comercial? Sea lo que sea, llámalo por lo que es, un sustituto de Dios, y comprométete a alejarte de ello.

5) Creemos que el dominio propio debería ser fácil

Otra razón por la que el dominio propio sigue siendo esquivo es que pensamos que debería ser fácil porque somos cristianas. Un lema de Alcohólicos Anónimos es "Tranquilo. Déjaselo todo a Dios", pero el eslogan es teológicamente inexacto. Algunos argumentan: "Espera, ¿no debemos depender de Dios para todo?". Claro que sí. Y una de las cosas para las que dependemos de Él es para el ejercicio personal del dominio propio. Con demasiada frecuencia buscamos la facilidad, no la fortaleza para lograrlo. La fortaleza que Dios da es la capacidad para vencer; pero, de todos modos, la capacidad probablemente requerirá mucho trabajo. Pablo escribió: "Para lo cual también trabajo, luchando según la potencia de él, la cual actúa poderosamente en mí" (Col. 1:29). También escribió: "Ocupaos en vuestra salvación con temor y temblor, porque Dios es el que en vosotros produce así el querer como el hacer, por su buena voluntad" (Fil. 2:12-13). Y vimos en Gálatas que debemos crucificar la carne, lo que no nos da exactamente la imagen de una muerte rápida e indolora. También vimos en Gálatas cómo debemos hacerlo: "Andad en el Espíritu, y no satisfagáis los deseos de la carne" (5:16). Ese es el eslogan teológicamente exacto. La versión de AA deja fuera a Cristo, y solo en Él tenemos el Espíritu y andamos.

Cristo es la clave

El fruto del Espíritu, que brota en nosotras por medio de nuestra unión con Cristo, incluye el dominio propio. Entonces, si estamos en Cristo, tenemos todo lo que necesitamos para ser mujeres con dominio propio. En cuanto al fruto del Espíritu, una de cuyas cualidades es el dominio propio (Gá. 5:23, NBLA), Don Matzat escribe:

> Nuestro énfasis 'religioso' no debe estar en los dones y las bendiciones espirituales, sino en la persona de Jesucristo. Si deseamos el perdón de los pecados y una justicia aceptable ante Dios, *Él nos da a Jesús*. Si buscamos paz, alegría y amor, *Dios nos da a Jesús*. Si deseamos consuelo en medio del dolor, esperanza cuando las cosas parecen desesperanzadoras, seguridad cuando estamos plagados de dudas y contentamiento en las situaciones cambiantes de la vida, *Dios nos da a Jesús*. Todos los dones espirituales son solo manifestaciones de la nueva vida de Cristo que mora con nosotros, manifestada de manera espontánea a medida que caminamos en el Espíritu y tenemos consciencia de Jesús.[4]

En total, hay cuatro factores que dan dominio propio a las mujeres sabias. Primero, viven para algo más grande que sí mismas —Cristo— y como resultado, desean ser como Él. Quienes viven para Cristo descubren que Él es lo que hace que valga la pena vivir la vida.

Segundo, las mujeres sabias dependen de Cristo para ser más semejantes a Él. Viven las palabras de Jesús: "Permaneced en mí, y yo en vosotros. Como el pámpano no puede dar fruto por sí mismo, si no permanece en la vid, tampoco vosotros, si no permanecéis en mí" (Jn. 15:4). Tercero, las mujeres sabias se esfuerzan por hacer morir

---

4. Don Matzat, *Christ Esteem: Where the Search for Self-Esteem Ends* (Eugene, OR: Harvest House, 1990), 109; énfasis original.

el pecado en sus vidas. Cuarto, oran por un espíritu de continencia, como vemos ejemplificado en Proverbios:

> Vanidad y palabra mentirosa aparta de mí;
> No me des pobreza ni riquezas;
> Manténme del pan necesario;
> No sea que me sacie, y te niegue, y diga: ¿Quién es Jehová?
> O que siendo pobre, hurte,
> Y blasfeme el nombre de mi Dios (Pr. 30:8-9).

Dios en Cristo quiere que nuestros muros sean fuertes y estén fortificados contra nuestro tripe enemigo: el mundo, la carne y el diablo. *¡Sí, puede ser así!*

GUÍA DE ESTUDIO

Capítulo 5: Las mujeres sabias conocen el secreto del dominio propio

1. ¿En qué área de tu vida te cuesta siempre ejercer dominio propio?

2. ¿Qué es la gula? ¿Por qué los que comen muy poco pueden ser considerados glotones?

❀ 3. ¿Cómo podemos comer para la gloria de Dios? Utiliza los siguientes pasajes para dar una respuesta.

- Salmos 104:14-15
- Salmos 104:24-26
- Proverbios 23:20-21
- Proverbios 25:16, 27
- Proverbios 27:7
- Mateo 6:25-33
- Romanos 14:13-21
- 1 Corintios 8:8-13
- 1 Corintios 10:23-33
- 2 Tesalonicenses 3:10-12
- 1 Timoteo 6:17

4. ¿Cómo describe Proverbios 25:28 el dominio propio? ¿De dónde viene la analogía de la ciudad derribada y sin muro y por qué es una analogía adecuada?

5. Lee Romanos 1:18-32. Describe la espiral descendente del pecado. Basada en este pasaje, ¿qué hace que alguien quede atrapado en un patrón de pecado destructivo, en lo que hoy se llama "adicción"? ¿Cómo nos muestra Gálatas 5:17-26 la salida?

6. ¿Cuál de los cinco obstáculos que consideramos en el capítulo 5 podría describir mejor tu lucha personal con el dominio propio?

7. ¿Cómo influye Santiago 4:2-3 en tu lucha con el dominio propio?

8. ¿En qué sentido hablan Colosenses 1:29 y Filipenses 2:12-13 de nuestros esfuerzos por tener dominio propio?

❀ 9. ¿Qué lugar ocupa el alcohol en tus convicciones? ¿Difiere eso de lo que practicas? Medita en los siguientes pasajes y en los del apéndice que mencionan el consumo de alcohol:

- Números 6:1-21
- Salmos 104:14-15
- Lucas 2:1-12
- Romanos 13:10-14
- Romanos 14:13-23
- Efesios 5:15-21
- 1 Tesalonicenses 5:5-8
- 1 Timoteo 3:8
- Tito 2:1-4
- 1 Pedro 4:1-3

10. Finalmente, ¿cuáles son los cuatro factores que conducen al dominio propio?

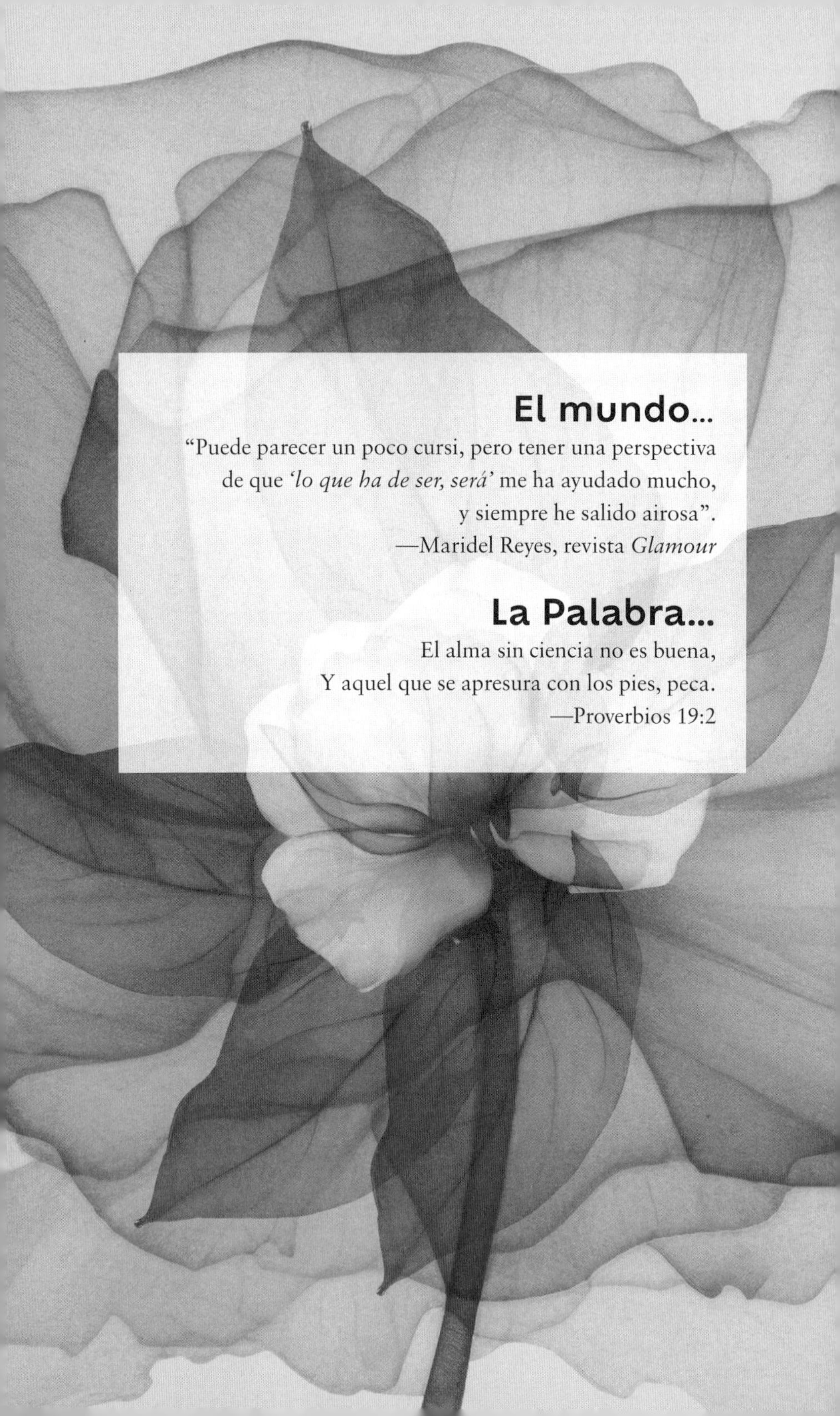

El mundo...

"Puede parecer un poco cursi, pero tener una perspectiva de que *'lo que ha de ser, será'* me ha ayudado mucho, y siempre he salido airosa".

—Maridel Reyes, revista *Glamour*

La Palabra...

El alma sin ciencia no es buena,
Y aquel que se apresura con los pies, peca.

—Proverbios 19:2

CAPÍTULO 6

LAS MUJERES SABIAS SABEN QUÉ PENSAR, SENTIR Y DESEAR

Hay tres cosas sobre nosotras que determinan significativamente el rumbo de nuestras vidas: lo que pensamos, lo que sentimos y lo que deseamos. La forma en que manejamos nuestros pensamientos, sentimientos y deseos determina no solo nuestro camino, sino también si ese camino es placentero y grato o está teñido de descontento.

Dios nos creó como criaturas que piensan y sienten, y por lo tanto ambas cosas están implícitas en el hecho de haber sido creadas a su imagen. Por eso, tanto los pensamientos como los sentimientos son componentes vitales de la verdadera fe. Una comprensión de Dios y el evangelio únicamente intelectual carece de los deleites relacionales que Dios desea que experimentemos con Él. Por otro lado, si nuestra fe se basa principalmente en quién *sentimos* que es Dios en lugar de un estudio cuidadoso de las Escrituras, terminaremos con una imagen inexacta de su carácter. Dicho esto, queda claro a lo largo de las Escrituras que los sentimientos están destinados a estar subordinados a los pensamientos, y no al revés.

Creo que las mujeres, más que los hombres, somos propensas a dejarnos gobernar por los sentimientos, quizás porque nuestras emociones tienden a salir más a la superficie. Es mucho más raro ver a un hombre estallar en lágrimas de frustración en medio de un mal día. Dado que hemos sido diseñadas como seres emocionales, las mujeres que son sabias alimentan y cuidan su vida mental con el mismo esmero con el que un jardinero cuida sus rosales, para que sus sentimientos no tomen la delantera, sino que sus deseos se ajusten a los principios bíblicos.

Los pensamientos

Proverbios hace una relación entre una vida recta y el pensamiento cuidadoso:

> El hombre impío endurece su rostro;
> Mas el recto ordena sus caminos (Pr. 21:29).

También aclara que no caemos en la ingenuidad nociva cuando usamos la mente:

> El simple todo lo cree;
> Mas el avisado mira bien sus pasos (Pr. 14:15).

Sin embargo, más adelante en el libro hay otro proverbio sobre nuestros pensamientos que parece contradecir todo lo que acabamos de ver:

> El que confía en su propio corazón es necio;
> Mas el que camina en sabiduría será librado (Pr. 28:26).

¿Está aquí Salomón afirmando que pensar demasiado no es sabio? No. Lo que quiere señalar aquí tiene que ver con la humildad. Pensar es sabio, y pensar bien en nuestros caminos es piadoso, pero confiar en que nuestros pensamientos son fiables es una necedad. En otras palabras, aunque debemos usar nuestra mente en todo lo que hacemos y planeamos, debemos someter todos nuestros pensamientos, nuestras acciones y nuestros planes al señorío de Cristo, que es la manera de "caminar en sabiduría". Sin embargo, hacerlo a menudo nos cuesta, porque incluso como creyentes somos muy propensas a confiar en nosotras mismas. Naturalmente, todas queremos tomar las riendas de nuestra propia vida, por eso, nos extraña el contraste que hace Salomón aquí. O podemos confiar en nuestros propios pensamientos o bien podemos caminar en sabiduría. Las dos opciones son mutuamente excluyentes.

Una mente sabia también puede generar popularidad y éxito:

> Según su sabiduría es alabado el hombre;
> Mas el perverso de corazón será menospreciado (Pr. 12:8).

La ironía es que, mientras saboreamos el fruto de pensar bien las cosas (¡así la vida funciona mejor!), podríamos encontrarnos tentadas, conscientemente o no, a confiar menos en Dios y más en nosotras mismas. Para no caer en este peligro, debemos comprender que nuestra mente está destinada a servir a Dios más que a nuestra felicidad personal, como escribió Pablo: "Por tanto, hermanos, les ruego por las misericordias de Dios que presenten sus cuerpos como sacrificio vivo y santo, aceptable a Dios, que es el culto racional de ustedes. Y no se adapten a este mundo, sino transfórmense mediante la renovación de su mente, para que verifiquen cuál es la voluntad de Dios: lo que es bueno y aceptable y perfecto" (Ro. 12:1-2, NBLA).

La mujer sabia es la que procura ser de un solo pensamiento, es decir que busca que su principal objetivo en la vida sea la gloria y el deleite de Dios. Por otro lado, la mujer necia es de doble ánimo y se contenta con seguir siendo así. Para mujeres como esta, Santiago tiene palabras fuertes: "Acercaos a Dios, y él se acercará a vosotros. Pecadores, limpiad las manos; y vosotros los de doble ánimo, purificad vuestros corazones" (Stg. 4:8). La palabra que usó Santiago aquí significa "dos almas"; en otras palabras, ser de doble ánimo es estar dividida en dos direcciones. Una mujer de doble ánimo vive constantemente dividida en sus pensamientos, afectos y deseos entre lealtades que compiten, a diferencia de la mujer de un solo pensamiento, que persigue una meta, una ambición y un deseo en general.

Es posible que las mujeres sabias aún no hayan llegado a ser de un solo pensamiento, pero quieren y procuran llegar a serlo, y toman en serio la instrucción de Santiago de buscar con ahínco limpiar sus manos (lo que hacen) y purificar sus corazones (lo que piensan, sienten y desean). Hay cosas en cada una de nosotras que diluyen la pureza de nuestro corazón. ¿Cuáles son en tu vida? Bueno, una forma de saberlo es considerar lo que gobierna tus pensamientos cuando estás despierta en medio de la noche, o a dónde vas con tu mente cuando anhelas un escape mental rápido del estrés o aquello que tiende a obsesionarte.

Pensamos en una obsesión como una fijación en un resultado u objeto deseable, pero hay algo espiritualmente oscuro en la obsesión, que puede ser un punto de apoyo para el diablo. Los pensamientos obsesivos son los que nos atrapan; podemos quedar atrapadas en ellos sin poder desligarnos de ellos, incluso cuando queremos hacerlo. Aunque a menudo no podemos reconocer la raíz del problema, podemos estar seguras de que el pensamiento obsesivo subyacente es un deseo desmedido de controlar algo o a alguien, que surge de las dudas sobre el control de la situación por parte de Dios o incluso de las dudas acerca de Dios mismo. Al escribir sobre la obsesión en su estado más avanzado, lo que se denomina "trastorno obsesivo-compulsivo", Michael Emlet escribe:

> Las obsesiones son "ideas, pensamientos, impulsos o imágenes persistentes, que se experimentan como intrusivas e inapropiadas y que causan ansiedad o angustia marcadas". En pocas palabras, las obsesiones son "pensamientos cohesivos", pensamientos que las personas parecen no poder sacarse de la mente... Los enfermos de TOC quieren vivir en un mundo en blanco y negro. El conocimiento exhaustivo, el control total y la certeza no dejan lugar a la ambigüedad. O estoy seguro o no lo estoy; o tengo el control o no lo tengo; o tengo razón o no la tengo. Sin embargo, debemos admitir que vivimos en un mundo "gris": Dios revela suficiente conocimiento para vivir sanamente delante de Él, pero no nos da pleno acceso a sus pensamientos (cp. Job 38–41). Dios nos da la

> capacidad de elegir libremente y actuar, pero no somos capaces de conocer y controlar todos los detalles de nuestra vida. Dios nos instruye en su Palabra, pero muchos asuntos no son tan claros. Esto muestra la importancia de la categoría bíblica de sabiduría. Es "más seguro" vivir en un mundo en blanco y negro, ¡porque no requiere confianza! La confianza y la sabiduría van de la mano.[1]

Las mujeres sabias protegen sus mentes de los pensamientos obsesivos confiando en Dios y en su control soberano en todo momento y en toda circunstancia.

El pensamiento inteligente

En la década de 1970, la Asociación de Universidades Afroamericanas, que proveen asistencia a los estudiantes, adoptó como eslogan una cita de Malcolm X: "Una mente es algo terrible para desperdiciar". Durante gran parte de cada día, nuestra mente está ocupada con las tareas que conforman el llamamiento de Dios sobre nuestra vida, pero en esas pocas horas diarias o semanales de tiempo libre, ¿qué elegimos para leer, mirar y escuchar? Es demasiado fácil suponer que algo con un determinado rótulo (una canción cristiana, una película para todo público) agrada a Dios. Sin embargo, depender de los rótulos asignados por la cultura en general, o incluso por otros cristianos, como un medio para tal seguridad es escabullirnos con un pretexto. No requiere ningún pensamiento de nuestra parte. Y el hecho es que mucho de lo que pasa como sano entretenimiento hoy día es superficial o hueco.

Dios, por medio del apóstol Pablo, nos ha proporcionado un sistema de calificación para nuestras opciones de entretenimiento, que supera con creces el asignado por la Asociación Americana de Productores Cinematográficos: "Por lo demás, hermanos, todo lo que es verdadero, todo lo honesto, todo lo justo, todo lo puro, todo lo amable, todo lo que es de buen nombre; si hay virtud alguna, si algo digno de alabanza, en esto pensad" (Fil. 4:8).

---

1. Michael R. Emlet, "Obsession and Compulsions: Breaking Free of the Tyranny", *Journal of Biblical Counseling*, vol. 22 (invierno de 2004): 16, 23-24.

Esto nos muestra que la excelencia glorifica a Dios. Por lo tanto, estamos más acorde con la enseñanza de Pablo si llenamos nuestros oídos con una pieza de música secular bellamente compuesta, que con una canción de alabanza contemporánea pobremente elaborada con letras superficiales. Lo mismo sucede con la literatura y el cine. James Boice escribe:

> Según este versículo, el cristiano debe elegir entre cosas cuestionables lo que es mejor. Esto no excluye lo mejor de nuestra sociedad, ya sea explícitamente cristiana o no, porque el punto central del versículo radica en el hecho (no siempre advertido por los maestros de la Biblia) de que las virtudes mencionadas aquí son virtudes paganas... En general, han sido tomadas de la ética griega y de los escritos de los filósofos griegos. Al usarlas, Pablo en realidad está santificando, por así decirlo, las virtudes generalmente aceptadas en la moralidad pagana... Las cosas que las mejores personas en todas partes reconocen como honorables, también son dignas de cultivar por los cristianos. En consecuencia, los cristianos pueden amar todo lo que es verdadero, honesto, justo, puro, amable y de buen nombre, dondequiera que lo encuentren.[2]

Por lo tanto, el mandato de Pablo en realidad amplía en lugar de limitar el alcance de lo que nosotras, como mujeres cristianas, somos libres de disfrutar mientras buscamos agradar a Dios, pero se requiere pensar. Se requiere una inversión mental para determinar si el libro, la película o el programa de televisión en particular que estamos considerando se ajusta a los criterios de Pablo. Las mujeres sabias ejercen discernimiento al decidir qué ocupará sus pensamientos. Y este aspecto de la sabiduría no es demasiado difícil, "porque no nos ha dado Dios espíritu de cobardía, sino de poder, de amor y de dominio propio" (2 Ti. 1:7).

---

2. James Montgomery Boice, *Philippians, An Expositional Commentary* (Grand Rapids, MI: Baker s.f.), 248-49.

Las bendiciones de pensar bíblicamente

Hay bendiciones particulares que disfrutan las mujeres que practican el pensamiento sabio. La mujer que pone sus pensamientos en Dios experimenta una paz imperturbable: "Tú guardarás en completa paz a aquel cuyo pensamiento en ti persevera; porque en ti ha confiado" (Is. 26:3). A la paz se suma la promesa de una vida real porque "el ocuparse del Espíritu es vida y paz" (Ro. 8:6).

También tenemos la promesa, que ya hemos visto en un pasaje bíblico anterior, que nos asegura que al exponer nuestra mente a la Palabra de Dios para que nos transforme, descubriremos que la obra de Dios en nosotras es maravillosa: "Y no se adapten a este mundo, sino transfórmense mediante la renovación de su mente, para que verifiquen cuál es la voluntad de Dios: lo que es bueno y aceptable y perfecto" (Ro. 12:2, NBLA). Una vez más, James Boice nos ayuda a comprender:

> Cuando Pablo nos anima a comprobar que la voluntad de Dios es agradable, obviamente quiere decir que nos agradará. Es decir, si determinamos andar en los caminos de Dios, sin conformarnos a este mundo y somos transformados por la renovación de nuestra mente, no tendremos que temer que al final de nuestra vida miraremos hacia atrás y estaremos insatisfechos o amargados y veremos que nuestra vida ha sido un total desperdicio. Por el contrario, miraremos hacia atrás y concluiremos que hemos tenido una vida bien vivida y estaremos satisfechos con ella.[3]

Los sentimientos

Solo considera la montaña rusa de emociones que podemos experimentar en el transcurso de una sola semana (o, para algunas de nosotras, en un solo día): ira, amor, frustración, alegría, tristeza, molestia, irritación, miedo, ansiedad, paz, satisfacción, júbilo, desánimo, felicidad, plenitud,

---

3. James Montgomery Boice, *Romans*, vol 4: *The New Humanity*, An Expositional Commentary (Grand Rapids, MI: Baker, 1995), 1558-59.

insatisfacción, expectativa. La lista podría seguir. He conocido a algunas mujeres equilibradas a lo largo de los años, y solía atribuirlo al temperamento natural. Sin embargo, con el tiempo me he dado cuenta de que ese equilibrio tiene tanto que ver con la madurez como con el nacimiento.

Solemos apresurarnos a culpar a nuestras circunstancias o a nuestras hormonas por nuestros cambios de ánimo, y no hay duda de que el estrés de la vida y el cuerpo tienen un efecto significativo en cómo nos sentimos. Sin embargo, no tenemos que ser, ni debemos permitirnos ser, víctimas de nuestros sentimientos. La fluctuación indomable de nuestras hormonas en ciertos momentos puede desafiar nuestra tolerancia a los demás o deprimirnos, pero en ninguna parte la Biblia nos otorga un pase hormonal en el llamado a la bondad, la paciencia, la alegría, el gozo y el amor. En lugar de ser víctimas de lo que nos provoca emociones negativas, podemos ver las provocaciones de la misma manera que Pablo veía su aguijón en la carne. Si Dios no nos quita el aguijón como resultado de nuestra súplica, tenemos la oportunidad de experimentar la suficiencia de Cristo en medio de tal situación.

Por supuesto, ninguna de nosotras va a dominar por completo nuestras emociones. Por un lado, Dios no nos diseñó para ser robots, sino para sentir altibajos emocionales. Además, a menudo son los tiempos malos y nuestras luchas en medio de ellos los que producen más fruto espiritual. Por lo tanto, las mujeres sabias no desacreditan sus sentimientos; más bien, se hacen cargo de ellos. Elisabeth Elliot aconseja:

> No intentes fortalecerte contra las emociones. Reconócelas; ponles nombre, si eso ayuda; y luego preséntaselas al Señor para que te entrene a responder a ellas. La disciplina de las emociones es el entrenamiento para las respuestas.[4]

Este "entrenamiento para las respuestas" es lo que nos permite vivir con sabiduría y lo que nos caracteriza como mujeres sabias. Vamos a considerar cómo manejar nuestras emociones sabiamente al observar dos emociones en particular, la ira y el dolor, y de esa manera,

---

4. Elisabeth Elliot, *Discipline: The Glad Surrender* (Grand Rapids, MI: Revell, 1982), 151.

tendremos una idea de cómo practicar la sabiduría de Proverbios para todo el espectro de nuestras emociones.

La ira

Un poco de ira es buena. Después de todo, Jesús se enojó con aquellos que abusaron de las prácticas del templo para obtener ganancias codiciosas (Mt. 21:12-13), pero no somos Jesús. Una vez escuché a un pastor sabio decir que de este lado de la gloria jamás experimentaremos una ira completamente justa. No somos capaces de hacerlo, ya que todo lo que nos rodea está contaminado por el pecado. Sin embargo, eso no significa que toda la ira que experimentemos sea incorrecta o que nunca debamos enojarnos. Después de todo, Pablo escribió: "Airaos, pero no pequéis; no se ponga el sol sobre vuestro enojo" (Ef. 4:26), y Brian Chapell escribe:

> Hay causas justificables para la ira justa. La injusticia, la crueldad y la insensibilidad hacia los demás despiertan la ira de Dios y, con razón, causan ira en nosotros, que estamos hechos a su imagen... Los cristianos a veces coartan su propia salud emocional y su progreso en las relaciones al abstenerse de expresar la causa de sus tensiones bajo la falsa presunción de que toda ira es mala. Podemos experimentar la ira de manera apropiada, directa y bíblica (Mr. 3:5; Mt. 18:34). El apóstol no prohíbe la ira, sino la expresión pecaminosa de la ira.[5]

Una mujer que busca crecer en sabiduría es cada vez más capaz de cumplir la instrucción de Pablo, y Proverbios nos brinda una manera de hacerlo. Aprendemos de Proverbios que la ira gobernada por la sabiduría incluye templanza:

> El que tarda en airarse es grande de entendimiento;
> Mas el que es impaciente de espíritu enaltece la necedad (Pr. 14:29).

---

5. Bryan Chapell, *Ephesians,* Reformed Expository Commentary (Phillipsburg, NJ: 2009), 222.

> Mejor es el que tarda en airarse que el fuerte;
> Y el que se enseñorea de su espíritu, que el que toma una ciudad (Pr. 16:32).

De hecho, cuando se trata del manejo de la ira, Proverbios (10:11; 14:29; 15:18; 16:32) recomienda repetidas veces "tardar en airarse", más que cualquier otro énfasis para esta poderosa emoción.

En otro pasaje, Salomón escribe: "No te apresures en tu espíritu a enojarte; porque el enojo reposa en el seno de los necios" (Ec. 7:9). Aquí él no solo refuerza lo que escribió en Proverbios, sino que agrega esta pieza sobre la ira que se encona. Este es el tipo de ira que se anida en nuestro corazón. No podemos dejar de pensar en eso; damos vueltas y vueltas por la noche, y repasamos la causa de nuestra ira una y otra vez en nuestra mente. No podemos dejar de hablar de eso; descargamos nuestra ira contra los demás o la publicamos en un comentario anónimo con letras mayúsculas en un blog. La ira que se adquiere con facilidad y que se instala en nuestro corazón indica la presencia de necedad (pecado). Es enojarse *con* pecado en lugar de enojarse *sin* pecar.

Controlar nuestras emociones de enojo puede ser muy difícil, especialmente cuando nuestro enojo parece estar justificado. Entonces, ¿qué hacemos? Proverbios nos brinda algunos pasos concretos; pero, lo que es más importante, revela un principio general: no nos volvemos sabias al emplear técnicas de manejo de la ira, incluso las que se proporcionan en Proverbios. Manejar nuestra ira no es algo que hacemos; sino aquello en lo que nos convertimos. En realidad, es el fruto de la sabiduría.

> La discreción del hombre le *hace* lento para la ira,
> Y su gloria es pasar por alto una ofensa (Pr. 19:11, NBLA).

También vemos allí que pasar por alto una ofensa —no prestarle atención y dejarla pasar— es encomiable, como cuando tu cónyuge, una amiga o un colega dice algo insensible hacia ti o juzga mal tu motivación o le da el mérito a otra persona por algo que tú hiciste. ¿No es cierto que la mayor parte de nuestra ira proviene de sentir que nos menosprecian, que no nos respetan o que no se nos da lo que nos corresponde? ¿Con qué frecuencia nos enojamos cuando menosprecian y le faltan el respeto a Jesús o no le dan lo que *le* corresponde? Lo más probable es que haya una desproporción en cada uno de nuestros corazones.

Por supuesto, hay momentos en que pasar por alto una ofensa es evadirnos. La confrontación es desagradable y, a menudo, tememos el resultado. Sin embargo, cuando se deshonra el nombre de Dios, o cuando un cristiano persiste en el pecado sin arrepentirse o cuando alguien demuestra repetidas veces desprecio por el bienestar de los demás, pasar por alto la ofensa puede ser más un acto de necedad que de sabiduría para todos los implicados.

El dolor

Otra emoción que nos resulta muy difícil de manejar es el dolor. Cuando estamos en medio de una temporada dolorosa, hay momentos en que los sentimientos aplastantes de dolor parecen surgir de la nada y nos superan. Desde luego, no hay nada imprudente en sentir dolor, es solo parte del ser humano, como señala Proverbios:

> El corazón alegre hermosea el rostro;
> Mas por el dolor del corazón el espíritu se abate (Pr. 15:13).

Precisamente porque el dolor abate el espíritu, nosotras y los que nos rodean nos beneficiamos de aprender a manejarlo bíblicamente. Primero, debemos notar que Proverbios no se dedica a la consejería personal del dolor. Su énfasis tiene más que ver con cultivar en nosotras una conciencia de los sentimientos de los demás. Podemos afirmar, por tanto, que, según Proverbios, las mujeres sabias son intuitivas sobre el dolor ajeno.

En términos de cómo manejar nuestro propio dolor, podemos aprender mucho sobre eso del rey David. Llegó un momento en el reinado de David cuando su hijo Absalón se volvió contra él y trató de matarlo para apoderarse del trono. Entonces reunió una banda de renegados y llevó a cabo ataques terroristas contra su padre el rey y el ejército real. ¿Te imaginas el dolor que sintió David? Su propio hijo lo quería muerto. Los padres ricos probablemente experimenten algo de lo que sintió David si, a medida que envejecen, sus hijos expresan poco interés en su bienestar y más interés en lo que contiene su testamento.

Durante una temporada, la vida de David estuvo en peligro, pero a la larga, la pandilla de Absalón no fue rival para el rey, quien envió a su ejército para detener el levantamiento liderado por su hijo. Mientras el ejército se preparaba para dirigirse a la batalla, David hizo este pedido: "Tratad benignamente por amor de mí al joven Absalón" (2 S. 18:5). Vemos allí el corazón de un padre: no importa que su hijo quisiera matarlo, David quería salvar la vida de su hijo, pero no fue eso lo que sucedió. El ejército no tuvo reparos en matar a Absalón; tenían que pensar en el bienestar de todo el reino, no solo en los sentimientos del rey. Absalón murió en la batalla, y cuando llegó a David la noticia de que su hijo había muerto, exclamó: "¡Hijo mío Absalón, hijo mío, hijo mío Absalón! ¡Quién me diera que muriera yo en lugar de ti, Absalón, hijo mío, hijo mío!" (2 S. 18:33).

A pesar de la traición de Absalón, David se sintió abrumado por el dolor cuando recibió la noticia de la muerte de su hijo. Si eres madre, seguramente puedes identificarte con la respuesta de David. De hecho, todas podemos hacerlo, porque la muerte de un ser querido, incluso cuando (quizás, especialmente cuando) la relación se ha roto antes de la muerte, es desgarradora. La presencia de emociones poderosas como el dolor no es una cuestión de sabiduría o falta de ella; pero cómo manejamos tales emociones tiene mucho que ver con ello. La respuesta de David desanimó a los que habían arriesgado sus vidas por él:

> Y se volvió aquel día la victoria en luto para todo el pueblo; porque oyó decir el pueblo aquel día que el rey tenía dolor por su hijo. Y entró el pueblo aquel día en la ciudad escondidamente, como suele entrar a escondidas el pueblo avergonzado que ha huido de la batalla (2 S. 19:2-3).

Cuando la noticia del dolor de David se extendió y produjo desaliento en toda la ciudad, Joab, el consejero de David, fue y reprendió al rey:

> Hoy has avergonzado el rostro de todos tus siervos, que hoy han librado tu vida, y la vida de tus hijos y de tus hijas, y la vida de tus mujeres, y la vida de tus concubinas, amando a los que te aborrecen, y aborreciendo a los que te aman; porque hoy has declarado que nada te importan tus príncipes y siervos; pues hoy me has hecho ver claramente que si Absalón viviera, aunque todos nosotros estuviéramos muertos, entonces estarías contento (2 S. 19:5-6).

Las palabras de Joab penetraron en el dolor de David, y se recompuso por el bien de su pueblo. Sin embargo, tenemos en David un ejemplo de emociones descontroladas. David no pudo controlar bien el amor por su hijo ni el dolor por su muerte, y su fracaso en "dominar su espíritu" (Pr. 16:32, NBLA) tuvo consecuencias devastadoras. Arthur Pink escribe: "Permitirse el exceso de cualquier pasión (el dolor, de ningún modo, está exceptuado), no solo ofende a Dios, sino que también traiciona a los hombres al llevarlos a cometer grandes imprudencias en medio de sus preocupaciones temporales".[6]

Por lo tanto...

Al considerar todo esto a la luz del énfasis de Proverbios de tener conciencia de los sentimientos de los demás, podemos resumir la sabiduría de la moderación emocional como "dar rienda suelta a las emociones solo en la medida en que hacerlo no cause daño a las personas ni deshonre el nombre de Dios".

Los deseos

Nuestros deseos —las cosas que deseamos— tienden a gobernar nuestra vida y nuestras elecciones. Por tal razón, es importante que nuestros deseos se ajusten a un molde bíblico. Ahora mismo, hoy, todas deseamos algo. Puede ser un deseo que llevamos en el corazón desde hace años o quizás sea un deseo más reciente. Puede ser algo que surja de nuestra naturaleza femenina: un esposo, un hijo, un hogar propio.

---

6. Arthur W. Pink, *The Life of David* (Grand Rapids, MI: Baker, 1981), 190. El extenso tratamiento del dolor de David lo convierte en una lectura reveladora.

Algunas de nosotras deseamos sanarnos, ya sea de una enfermedad o de una relación. Puede ser el deseo de un cambio importante, como un trabajo diferente o un cambio de lugar. Podría ser algo más simple, como romper con la rutina y disfrutar de dos semanas en la playa o simplemente de no tener que cocinar por una noche o dos. Es de esperar que, por encima de todos nuestros deseos, deseemos a Dios mismo.

A veces, la forma en que describimos un deseo en particular es solo nuestro intento de dar forma a un anhelo más profundo de nuestro corazón, que no podemos identificar. Nuestro deseo de un matrimonio, un hogar y una familia, por ejemplo, puede ser la forma en que expresamos nuestro anhelo de amor, sentido de pertenencia y el destierro de la soledad. No importan los detalles de nuestros deseos o cómo los expresamos, todos nuestros anhelos son indicativos del hecho de que aún no hemos llegado al hogar. Somos mujeres incompletas que viven en un mundo incompleto, y por eso, no vamos a encontrar plena satisfacción hasta que lleguemos al hogar, hasta que seamos perfeccionadas en Cristo y vivamos con Él en el cielo. Hasta entonces, seguiremos siendo mujeres que desean.

Muchas de las cosas que deseamos están integradas en nosotras mismas. Dios nos diseñó para desear un hogar y una familia donde nos sintamos sostenidas, abrigadas y albergadas; y no hay nada de malo con estos deseos. El problema es que tendemos a desearlos demasiado. Cuando eso sucede, los buenos deseos se transforman en amos de nosotras, sus esclavas. Estamos esclavizadas a cualquier deseo que creemos que debemos tener para ser feliz. Por eso, hacemos bien en considerar lo que dice Proverbios acerca de nuestros deseos.

Proverbios distingue entre los buenos y los malos deseos, y entre los buenos, mejores y aún mejores, y pone la sabiduría al frente de las adquisiciones deseables.

> Porque mejor es la sabiduría que las piedras preciosas;
> Y todo cuanto se puede desear, no es de compararse con ella (Pr. 8:11).

Lo que la Palabra de Dios nos está diciendo aquí es que no importa cuán valiosos sean nuestros deseos, nada resultará tan valioso y gratificante como tener sabiduría. Dado que esta es una verdad, podríamos pensar que trabajamos en nuestras pasiones para tener sabiduría mucho más de lo que lo hacemos. Si anheláramos la sabiduría tanto como las cosas, las relaciones y el éxito, estaríamos mucho más contentas de lo que a menudo estamos. La voluntad de Dios es darnos sabiduría, mientras que puede no estar en su plan darnos cualquier cantidad de las otras cosas en las que ponemos nuestro corazón, que es lo que causa la mayoría de nuestro descontento.

De hecho, podría ser que Dios retenga algo que deseamos porque nuestro deseo de eso es tan intenso que tenerlo resultaría dañino para nosotras. David Powlison señala: "Nuestros deseos de cosas buenas se apoderan del trono y se convierten en ídolos que reemplazan al Rey. Dios se niega a servir a nuestros anhelos instintivos, y nos ordena no dejarnos gobernar por otros anhelos. Y Dios nos da el poder de lograr todo aquello que Él ordena".[7] Entonces, lo primero que aprendemos sobre los deseos de Proverbios es que el mejor de los deseos, y el que tenemos la garantía de adquirir, es la sabiduría.

De hecho, Proverbios indica que cuando nuestros deseos están en línea con la verdad de Dios, podemos tener mucha más seguridad de que Él los concederá:

> Lo que el impío teme, eso le vendrá;
> Pero a los justos les será dado lo que desean (Pr. 10:24).
>
> El deseo de los justos es solamente el bien;
> Mas la esperanza de los impíos es el enojo (Pr. 11:23).

El salmista lo expresó de esta manera: "Deléitate asimismo en Jehová, y él te concederá las peticiones de tu corazón" (Sal. 37:4).

EL libro de Proverbios también es muy consciente del *poder* de los deseos:

> La esperanza que se demora es tormento del corazón;
> Pero árbol de vida es el deseo cumplido (Pr. 13:12).

7. David Powlison, "Dynamics of Biblical Change", materiales del curso CCEF, 1995.

> El deseo cumplido regocija el alma;
> Pero apartarse del mal es abominación a los necios (Pr. 13:19).

Considera el contraste de ese último proverbio (13:19). Es probable que, en algún momento, todas hayamos saboreado la dulzura de un sueño hecho realidad. Los necios, sin embargo, prueban la dulzura al entregarse al pecado, pero, en el mejor de los casos, es una satisfacción pasajera y su dulzura nunca dura por mucho tiempo.

El libro de Proverbios también nos da una idea de lo que sucede cuando permitimos que nuestros deseos gobiernen nuestra vida:

> Su deseo busca el que se desvía,
> Y se entremete en todo negocio (Pr. 18:1).

Aquí se describe a alguien que está tan decidido a perseguir lo que desea, que no escucha los consejos o la guía de los demás. Con el tiempo, comienza a evitar a cualquiera que pueda desafiar su búsqueda de lo que desea y, con el tiempo, es probable que descubra que esos detractores siempre tuvieron razón. Vemos que este proverbio se desarrolla todos los días, a menudo en enredos románticos impíos.

En lo que respecta a algo que deseamos, declara Proverbios, lo manejamos con sabiduría al recibir la opinión de los demás para cuidarnos del poder de la necesidad. Esa pizca de sabiduría se refuerza aquí:

> El alma sin ciencia no es buena,
> Y aquel que se apresura con los pies, peca (Pr. 19:2).

Proverbios también aclara que nosotras, como criaturas caídas, experimentaremos deseos por cosas pecaminosas o por demasiado de algo bueno, y que hay consecuencias por ceder a ellos:

> El deseo del perezoso le mata,
> Porque sus manos no quieren trabajar (Pr. 21:25).

El perezoso, por ejemplo, tiene un deseo desmesurado de experimentar comodidad y placer sin tener que trabajar para obtenerlo. Nuestra imagen mental de un perezoso es alguien que duerme hasta el mediodía, luego se recuesta en el sillón reclinable todo el día con el control remoto en la mano y un tazón de papas fritas al lado. Sin embargo, los teleadictos no son los únicos holgazanes; las personas físicamente activas también pueden ser perezosas.

Bethany, una joven desempleada de veintiocho años, desea conseguir un trabajo, y dado que ha estado desempleada durante más de un año, lo necesita con desesperación. Sin embargo, Bethany no está dispuesta a aceptar cualquier trabajo; no, ella quiere el trabajo de sus sueños. Amigos y familiares animaron a Bethany a postularse para puestos que, con el tiempo, podrían llevarla al trabajo de sus sueños, pero a Bethany no le gusta esa sugerencia y no está dispuesta a considerarla.

Cuando fui a la universidad para estudiar comunicaciones, tuve la suerte de asistir a lo que se consideraba una facultad de comunicaciones de primer nivel. A pesar de la reputación de la facultad, nunca olvidaré lo que un profesor dijo a la clase —y me estoy incluyendo aquí— cerca del final de nuestro último año: "No crean que se van a graduar de esta universidad y van a conseguir el mejor trabajo en periodismo, publicidad o televisión. No, si quieren llegar a ese puesto, las mujeres comenzarán como secretarias y los hombres en ventas". Hablaba de pagar el derecho de piso. Y tenía razón. Bethany no quiere pagar el derecho de piso, ni cree que deba hacerlo, porque es atractiva y tiene un título universitario. Si buscamos edificar nuestra vida sobre la base de los derechos, estamos viviendo con pereza. La humildad, que va de la mano de la sabiduría, reconoce y acepta que pagar el derecho de piso es parte de la vida.

Si nuestros deseos están regidos por el temor del Señor, los veremos hechos realidad: Dios "cumplirá el deseo de los que le temen" (Sal. 145:19). Además, los que temen al Señor son los que desean al Señor. El salmista no solo lo sabía, sino que lo vivía y lo respiraba: "¿A quién tengo yo en los cielos sino a ti? Y fuera de ti nada deseo en la tierra" (Sal. 73:25). Si queremos experimentar la alegría del deseo cumplido, esta es la manera. Si nuestro deseo es por Dios, tenemos la garantía de obtenerlo en Cristo. Y cuanto más de Él conozcamos y experimentemos, nuestros deseos de cosas menores disminuirán de manera proporcional, porque nada es más gratificante que Dios en Cristo. ¿Lo has experimentado? Si es así, sabes exactamente de qué estaba hablando el salmista. Si no, ¿estás dispuesta a orar para que Dios haga de este tu deseo principal? Si lo estás, tienes garantizada la alegría del deseo cumplido.

> Bienaventurado el hombre que halla la sabiduría,
> Y que obtiene la inteligencia;
> Porque su ganancia es mejor que la ganancia de la plata,
> Y sus frutos más que el oro fino.
> Más preciosa es que las piedras preciosas;
> Y todo lo que puedes desear, no se puede comparar a ella (Pr. 3:13-15).

GUÍA DE ESTUDIO

Capítulo 6: Las mujeres sabias saben qué pensar, sentir y desear

1. Menciona o describe las formas en que nuestros pensamientos, sentimientos y deseos pueden determinar el rumbo de nuestras vidas. Proporciona algunos ejemplos concretos.

2. ¿Por qué es sabio dar más peso a los pensamientos que a los sentimientos?

3. ¿Cuál es el vínculo entre la humildad y el pensamiento sabio?

4. Lee los siguientes pasajes sobre los pensamientos:

- Romanos 8:5-7; 12:1-2
- 2 Corintios 10:4-6
- Efesios 4:17-24
- Filipenses 2:3-8
- Colosenses 3:1-3
- 1 Pedro 1:10-16

¿Qué imperativos (órdenes) ves que refieren a nuestra vida mental? ¿Por qué, según estos versículos, nuestra vida mental es tan decisiva para nuestra fe?

5. Contrasta a la persona de un solo pensamiento con la de doble ánimo. Si quieres, puedes leer primero: Salmos 119:113 y Santiago 1:5-8; 4:1-8.

6. Menciona o describe lo que significa estar obsesionada con algo o alguien. ¿Cómo pueden las obsesiones afectarnos espiritualmente? ¿Por qué es prudente protegernos de los pensamientos obsesivos?

7. Repasa lo que Proverbios enseña sobre la ira (ver, p. ej., Pr. 10:11; 14:29; 15:18; 16:32). ¿Qué podemos aprender acerca de la ira de la vida de Jesús? Efesios 4:26 nos advierte: "Airaos, pero no pequéis; no se ponga el sol sobre vuestro enojo". ¿De qué maneras podemos manejar la ira sin pecar?

❀ 8. ¿De qué manera fue excesiva la expresión de dolor de David? (lee 2 S. 18:1–19:8). ¿Cómo podemos manejar el dolor de manera piadosa?

9. ¿Qué convierte un buen deseo en pecaminoso? ¿Qué enseña Proverbios acerca de los deseos que están en línea con la verdad de Dios? (ver Pr. 10:24; 11:23).

10. Según el libro de Proverbios, ¿cómo podemos manejar nuestros deseos de manera piadosa?

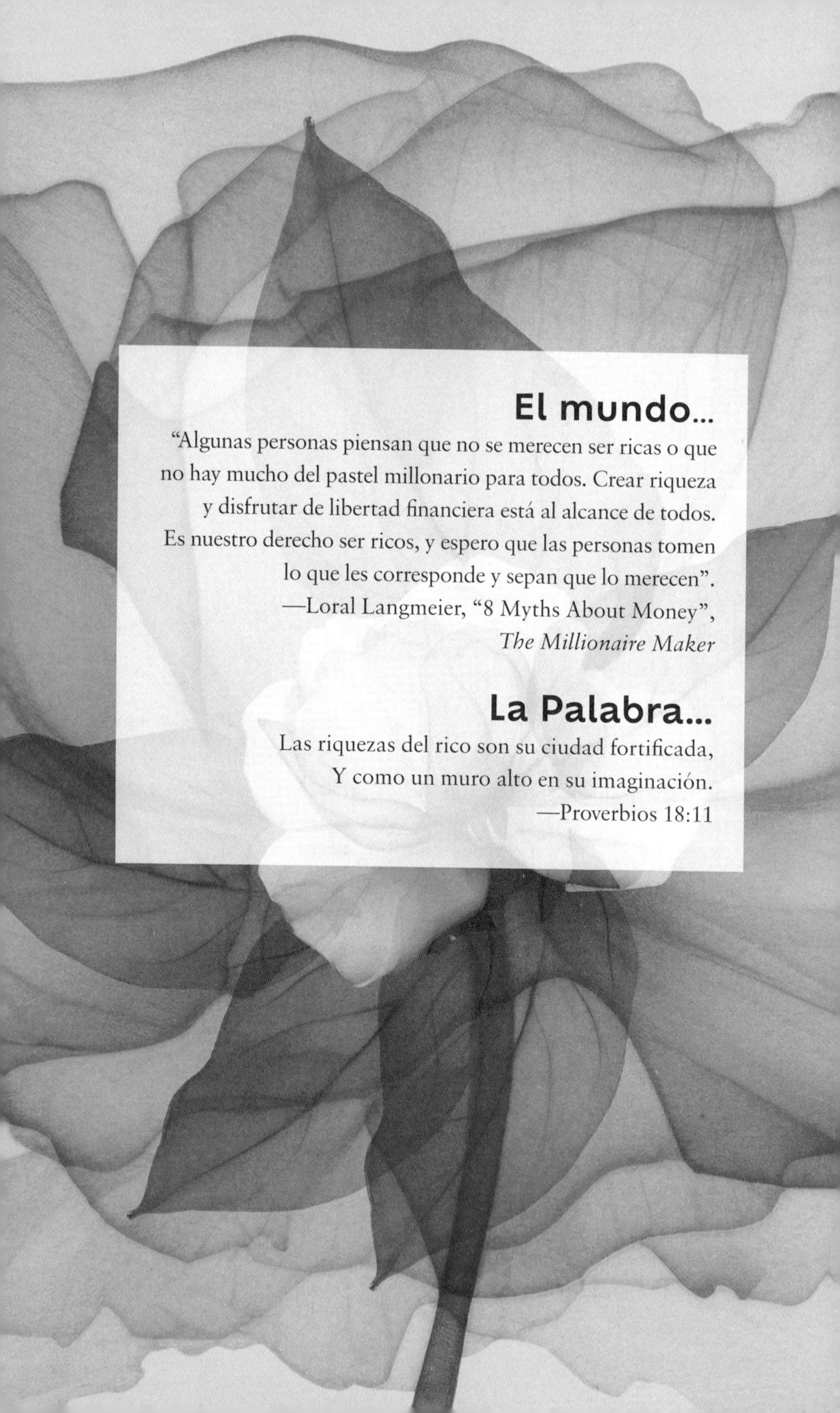

El mundo...

"Algunas personas piensan que no se merecen ser ricas o que no hay mucho del pastel millonario para todos. Crear riqueza y disfrutar de libertad financiera está al alcance de todos. Es nuestro derecho ser ricos, y espero que las personas tomen lo que les corresponde y sepan que lo merecen".

—Loral Langmeier, "8 Myths About Money", *The Millionaire Maker*

La Palabra...

Las riquezas del rico son su ciudad fortificada,
Y como un muro alto en su imaginación.

—Proverbios 18:11

CAPÍTULO 7

LAS MUJERES SABIAS SON INTELIGENTES EN SUS FINANZAS

"No tengo idea de cuál es nuestra situación financiera —dijo Natalie—. Mi esposo se encarga de todo eso, y estoy muy contenta de que así sea, porque pensar en las facturas, los impuestos y los ahorros para la jubilación me supera". Claro que la supera; no ha invertido tiempo ni ha pensado en aprender sobre sus finanzas. Y aunque los esposos administran el dinero en muchos, si no en la mayoría de los hogares, es muy sabio controlar el estado de las finanzas de nuestro hogar, saber dónde se guardan los registros y quiénes son los contactos. Si una esposa pierde inesperadamente a su esposo, la devastación, tanto emocional como práctica, se intensificará si ella no conoce ni entiende el estado de sus finanzas. Por el contrario, la esposa que se disciplina en mantenerse al tanto de las finanzas del hogar no solo sale mejor parada si se queda sola repentinamente, sino que también puede ser de mucho más apoyo a su esposo mientras todavía está con ella.

Encontramos una esposa así en Proverbios 31 (una mujer que veremos en profundidad más adelante). La esposa de Proverbios 31:11-31 es un retrato de la sabiduría. La incluyeron al final del libro para que sirviera como ilustración de lo que un joven debe buscar al elegir a una mujer como esposa. Una cualidad por la que se la elogia es su conocimiento financiero. Es una mujer que dedicó tiempo a buscar una buena oportunidad de inversión y aumentó su inversión para que fuera rentable (Pr. 31:16). Además, entendía el valor de los bienes comerciales de su época y utilizaba ese conocimiento para generar ingresos (Pr. 31:18, 24).

De ella aprendemos que es bíblicamente correcto que una esposa sea astuta con sus finanzas. Hoy día, con demasiada frecuencia, en nuestros esfuerzos bien intencionados por reparar el daño causado por el movimiento feminista al diseño de Dios para el matrimonio, nos alejamos demasiado en la dirección opuesta. En nuestro deseo de defender el liderazgo masculino en nuestro hogar, nos despreocupamos de cosas como las finanzas; pero no es así como debemos hacerlo. De hecho, podemos ayudar más a nuestro esposo si sabemos lo que está pasando con nuestras cuentas bancarias, porque podemos servir como personas de confianza bien informadas y hacer propuestas inteligentes en las decisiones financieras, en lugar de dejarlo lidiar con todo solo.

Seamos casadas o solteras, estamos llamadas a contribuir al bienestar financiero de nuestro hogar. La contribución de una mujer casada puede ser directa o indirecta, mientras que para una mujer soltera suele ser directa. Además de adquirir conocimientos sobre cómo ahorrar e invertir, una mujer soltera también debe ganar dinero para poder hacerlo. En cualquier caso, los principios de la sabiduría financiera son los mismos. Primero, Proverbios establece un vínculo directo entre la prosperidad y el trabajo duro, la pereza y la pobreza:

> La mano negligente empobrece;
> Mas la mano de los diligentes enriquece (Pr. 10:4).

> En toda labor hay fruto;
> Mas las vanas palabras de los labios empobrecen (Pr. 14:23).

> El que labra su tierra se saciará de pan;
> Mas el que sigue a los ociosos se llenará de pobreza (Pr. 28:19).

Proverbios 14:23 es un versículo para Bethany, a quien vimos en el último capítulo. Nos muestra que somos bendecidas al emprender incluso las tareas más triviales, ya sea que la bendición llegue de inmediato o más adelante. Con respecto a las finanzas, el versículo se aplica tanto a nuestros esfuerzos por *ganar* como a nuestros esfuerzos por *aprender*. En otro pasaje, Salomón escribió: "Por la mañana siembra tu semilla, y a la tarde no dejes reposar tu mano; porque no sabes cuál es lo mejor, si esto o aquello, o si lo uno y lo otro es igualmente bueno" (Ec. 11:6).

El poder del prestamista

Proverbios también nos da sabiduría sobre el dinero que pedimos prestado, y deja en claro que siempre hay lazos de esclavitud, aunque a menudo invisibles:

> El rico se enseñorea de los pobres,
> Y el que toma prestado es siervo del que presta (Pr. 22:7).

Aunque a veces es inevitable, endeudarnos con una persona o una institución siempre es un negocio arriesgado. Hay momentos en que solicitar un préstamo tiene sentido a largo plazo para nosotras y para el bienestar de nuestra familia. Después de todo, muy pocos pueden desembolsar todo el dinero para comprar una casa o incluso un automóvil. Sin embargo, si no cumplimos con el pago de la deuda, estamos en peor situación que antes de asumirla, y para evitar las consecuencias —la esclavitud de la que habla Proverbios— es prudente discernir, hasta donde podamos hoy, si la cantidad que estamos pidiendo prestado es manejable. Calcular el costo por adelantado de cualquier empresa es sabio, como lo dejó claro Jesús cuando preguntó: "Porque ¿quién de vosotros, queriendo edificar una torre, no se sienta primero y calcula los gastos, a ver si tiene lo que necesita para acabarla?" (Lc. 14:28).

No obstante, vayamos más allá de los conceptos básicos que enseña la asesora financiera, Suze Orman. Nuestras vidas pueden volverse esclavas de un prestamista de maneras mucho más sutiles. Si aceptamos ese préstamo de los padres de nuestro esposo, ¿nos sentiremos obligadas a pasar todas las vacaciones con ellos durante la próxima década? Si alentamos a nuestro esposo a aceptar la ayuda financiera de nuestro propio padre, ¿sentirá él la necesidad de ceder ante nuestro padre con respecto a cosas no relacionadas con el préstamo, y quizás genere resentimiento en el proceso? Siempre es prudente sopesar el potencial de esclavitud a largo plazo cada vez que pensamos en pedir dinero prestado.

Hace algún tiempo, mi amiga Leisel pidió prestado dinero sin intereses a un miembro de la familia para la matrícula universitaria, lo que resultó ser una gran bendición. Sin embargo, pagó el préstamo tan pronto como pudo, porque se sentía culpable cada vez que gastaba un dólar en cosas sin necesidad. Su prestamista nunca levantó una ceja ni cuestionó sus gastos, y él se habría sentido mal si hubiera sabido cómo la hacía sentir el préstamo; sin embargo, ella era esclava del prestamista. A veces, pedir prestado es inevitable; pero otras veces, si tan solo diferenciáramos la verdadera necesidad de la carencia, veríamos que podríamos evitar el peligro que se menciona en Proverbios 22:7.

El peso de la riqueza y el poder de Dios

Incluso el dinero que hemos adquirido por nuestra propia diligencia puede ser una molestia:

> El rescate de la vida del hombre está en sus riquezas;
> Pero el pobre no oye censuras (Pr. 13:8).

Cuanto más posees, más tienes que desembolsar y más tienes de qué preocuparte. Conducimos por esas calles arboladas con casas alejadas de la carretera, y admiramos —y tal vez envidiamos— el césped bien cuidado, y visualizamos la belleza del interior y el mobiliario de la casa; pero ¿nos detenemos a considerar el mantenimiento de tal césped? Representa el esfuerzo de un equipo de padre e hijo todos los sábados de verano o el trabajo regular de un costoso servicio de jardinería. En cuanto a lo que hay adentro, todos esos objetos de plata deben pulirse… y asegurarse. Los techos altos necesitan pintores profesionales y la tapicería costosa necesita una limpieza especial. Cuanto más tienes, más gastas. "Sin embargo —decimos— cambiaría la prueba de no tener suficiente dinero por la prueba de tener demasiado en cualquier momento".

Debido a que somos propensas a pensar de esa manera, podemos ser susceptibles a cualquier cantidad de tácticas que prometen llenar nuestras cuentas bancarias. Nuestro deseo de la tranquilidad que creemos que traerá el dinero puede causar estragos en nuestro poder de discernimiento. Por tal razón, el libro de Proverbios respalda la verdad de este dicho: "Si suena demasiado bueno para ser verdad, lo es". Los esquemas para hacerse rico rápidamente no funcionan, y los que se aferran a ellos repetidas veces permiten que la codicia ahogue la voz de la sabiduría. Esto incluye a quienes utilizan los ingresos que tanto necesitan para comprar boletos de lotería o invertir en acciones de alto riesgo o empresas comerciales, en lugar de pagar la hipoteca o la factura de electricidad.

> Los pensamientos del diligente ciertamente tienden a la abundancia;
> Mas todo el que se apresura alocadamente, de cierto va a la pobreza (Pr. 21:5).
>
> Las riquezas de vanidad disminuirán;
> Pero el que recoge con mano laboriosa las aumenta (Pr. 13:11).

Cuando el mercado de la vivienda colapsó en 2008, la gente no pudo transferir la culpa rápidamente. Para apuntar a la mentalidad de nuestra sociedad, los medios de comunicación centraron la mayor parte de su indignación sobre Wall Street, el gobierno y los prestamistas hipotecarios; pero no dijeron mucho sobre la culpabilidad individual. Si bien es cierto que todas esas instituciones contribuyeron a la ruina de la vivienda, igualmente culpables fueron los miles y miles de personas que sacaron hipotecas que no podían pagar. Fue antibíblico cuando el gobierno afirmó que todos los estadounidenses tienen el "derecho" de ser propietarios de una casa, y también fue antibíblico cuando los prestamistas hipotecarios hicieron creer a las personas que podían conseguir la casa de sus sueños sin dinero inicial. Sin embargo, igualmente antibíblicos fueron aquellos que la deseaban tanto que firmaron el contrato de compra y rechazaron cualquier pensamiento de que podrían estar asumiendo una deuda que iba mucho más allá de sus posibilidades financieras. Una investigación cuidadosa y la obtención de un consejo sabio habrían evitado innumerables ejecuciones hipotecarias. Fue la codicia lo que se interpuso en el camino y ganó a la sabiduría en todos los rincones de los Estados Unidos.

El tesoro de nuestro corazón

Dicho esto, el énfasis principal de Proverbios con respecto a las finanzas tiene que ver menos con nuestra comprensión intelectual de los problemas fiscales y más con el lugar que ocupa en nuestro corazón. El corazón es, en gran parte, lo que marca la diferencia entre la riqueza y la pobreza en la vida de cada persona. La providencia de Dios, por supuesto, es el factor primordial; pero es su misma providencia la que ha determinado que nuestro corazón desempeñe un papel en nuestro bienestar financiero. Sin embargo, la voluntad de Dios no es que acudamos al libro de Proverbios como lo haríamos con un asesor financiero personal. No, en toda nuestra riqueza o pobreza, ya sea por la sabiduría o la necedad, su objetivo es hacer que dejemos de preocuparnos demasiado por el dinero y enseñarnos a depender de Él para todas nuestras necesidades, incluida la sabiduría que necesitamos. Agur, quien escribió los dichos que se encuentran en el capítulo 30 de Proverbios, oró:

> Vanidad y palabra mentirosa aparta de mí;
> No me des pobreza ni riquezas;
> Manténme del pan necesario;

> No sea que me sacie, y te niegue, y diga: ¿Quién es Jehová?
> O que siendo pobre, hurte,
> Y blasfeme el nombre de mi Dios (Pr. 30:8-9).

¿Qué haremos, entonces, después de leer este proverbio?

> Las riquezas del rico son su ciudad fortificada;
> Y el desmayo de los pobres es su pobreza (Pr. 10:15).

De estos proverbios en particular, podemos aprender algo importante sobre el libro de Proverbios. Sus dichos no son tanto promesas como observaciones sobre cómo funciona la vida. Si podemos entender esto, podemos aprender a practicar sus enseñanzas correctamente. Proverbios 10:15 es un buen ejemplo. El escritor está haciendo una observación de que los ricos tienden a tener una vida más fácil que los pobres en algunos aspectos. Ninguna de nosotras podría opinar lo contrario, por eso estamos tan tentadas a poner nuestro corazón en el dinero. Cuando es necesario hacer una reparación en el hogar, el dinero en el banco nos evita la preocupación de cómo pagarla. Cuando nuestro hijo quiere asistir a ese costoso campamento de verano, una cuenta bancaria saludable nos permite experimentar la alegría de decirle que sí. Cuando una amiga nos pide que nos reunamos con ella en Hawái durante una semana, nuestro dinero nos permite sentir una expectativa sin culpa cuando hacemos clic en el botón de "comprar" en el sitio web de compra de pasajes de avión. De hecho, el dinero puede ser una bendición, que es exactamente lo que reconoce Proverbios 10:15.

Sin embargo, a lo largo de la Biblia se nos advierte contra la tentación de buscar nuestra seguridad en el dinero. Pablo escribe: "Raíz de todos los males es el amor al dinero" (1 Ti. 6:10). El peligro se encuentra en la misma bendición que proporciona el dinero: la sensación de seguridad. Y la razón por la que es peligroso es, primero, que solo Dios merece nuestra confianza; y, en segundo lugar, a fin de cuentas, no tenemos control sobre nuestra seguridad personal. Por eso Proverbios también señala:

> No te afanes por hacerte rico;
> Sé prudente, y desiste.
> ¿Has de poner tus ojos en las riquezas, siendo ningunas?
> Porque se harán alas
> Como alas de águila, y volarán al cielo (Pr. 23:4-5).

En realidad, esta es una buena noticia, porque, de todos modos, la mayoría de nosotras nunca seremos ricas. Es una buena noticia porque se nos ha ofrecido algo mucho mejor en qué confiar: Dios mismo. Jesús dijo: "Por tanto os digo: No os afanéis por vuestra vida, qué habéis de comer o qué habéis de beber; ni por vuestro cuerpo, qué habéis de vestir. ¿No es la vida más que el alimento, y el cuerpo más que el vestido? Mirad las aves del cielo, que no siembran, ni siegan, ni recogen en graneros; y vuestro Padre celestial las alimenta. ¿No valéis vosotros mucho más que ellas?" (Mt. 6:25-26). Y el escritor de Hebreos escribió: "Sean vuestras costumbres sin avaricia, contentos con lo que tenéis ahora; porque él [Dios] dijo: No te desampararé, ni te dejaré" (He. 13:5).

También es una buena noticia porque muchas de nosotras hemos cometido errores con la administración de nuestro dinero e, incluso ahora, estamos viviendo con las consecuencias. Sin embargo, Dios no rige nuestra vida por nuestra inteligencia financiera o por nuestros éxitos o fracasos. Él nos rige conforme a sus propios planes, y esos planes incluyen incluso los errores que cometemos. J. I. Packer escribe:

> La razón por la cual la Biblia reitera tantas veces que Dios es una roca fuerte, una defensa firme y un refugio seguro y ayuda para los débiles, es que Dios siempre nos recuerda que somos débiles, tanto mental como moralmente, y no nos atrevemos a confiar en nosotros mismos para hallar o seguir el camino correcto... Y Dios quiere que sintamos que nuestro camino en la vida es áspero y desconcertante, para que podamos aprender agradecidamente a confiar en Él... Dios usa nuestros pecados y errores para este fin. Utiliza todo el tiempo la disciplina formativa de los fracasos y los errores... Dios puede hacer que los extremos

> de nuestra propia necedad redunden para bien; Dios puede restaurar los años que la langosta se ha comido... ¿Es tu problema una sensación de fracaso? ¿Acaso es el conocimiento de haber cometido un error espantoso? Vuelve a Dios; su gracia restauradora te espera.[1]

En la economía de Dios, hay cosas mucho más importantes que ir tras el dinero, como lo son la justicia y las bendiciones de adquirir una reputación que dé la gloria a Dios:

> El que confía en sus riquezas caerá;
> Mas los justos reverdecerán como ramas (Pr. 11:28).
>
> De más estima es el buen nombre que las muchas riquezas,
> Y la buena fama más que la plata y el oro (Pr. 22:1).

Debido a que el plan de Dios para nosotras es diferente al del mundo, hay sabiduría en evitar que el potencial del nivel de ingresos más alto sea el determinante principal en la elección de nuestra carrera o nuestro cónyuge. Y también podemos dejar de arrepentirnos por los errores financieros del pasado y seguir adelante con lo que realmente importa. ¿Estás viviendo arrepentida por haber fracasado de alguna manera u otra en la administración del dinero? Si es así, preséntaselo a Dios y pídele que te transforme por medio de ese fracaso y que haga que redunde para bien. Y Él lo hará. Cualquiera que sea nuestro pasado o presente financiero, la sabiduría puede gobernar tu futuro, y un buen primer paso es hacer nuestra la oración de Agur. ¿La harás tuya?

---

1. J. I. Packer, *Knowing God* (Downers Grove, IL: InterVarsity, 1973), 227-28. Publicado en español por Editorial Vida con el título: *El conocimiento del Dios santo*.

GUÍA DE ESTUDIO

Capítulo 7: Las mujeres sabias son inteligentes en sus finanzas

1. ¿Tienes conocimiento de tu situación financiera personal o familiar? ¿Por qué sí o por qué no?

2. ¿De qué manera estar al tanto de las finanzas de la familia puede ser una forma de cumplir con nuestro llamamiento de ayuda en el matrimonio?

3. Menciona o describe la enseñanza general de Proverbios sobre la administración del dinero. ¿Con qué asocia Proverbios la prosperidad financiera?

4. ¿Qué enseña Proverbios acerca de pedir dinero prestado? ¿Cómo crees que esta enseñanza se puede practicar sabiamente en nuestra cultura actual?

5. Proverbios 22:7 señala: "El rico se enseñorea de los pobres, y el que toma prestado es siervo del que presta". Menciona o describe cómo has visto esta situación en tu vida o en la vida de alguien que conoces.

6. Menciona o describe algunas de las tensiones que pueden acompañar a la riqueza.

❀ 7. Lee los siguientes pasajes que mencionan el dinero:

- Proverbios 3:9; 13:11
- Eclesiastés 5:10-12
- Mateo 6:24-33
- 1 Timoteo 6:6-10
- Hebreos 13:5-6

Describe la actitud que debe tener un discípulo de Jesús hacia el dinero. ¿Cómo se ajusta tu actitud con la enseñanza de las Escrituras?

8. Vuelve a leer la oración de Agur en Proverbios 30:8-9. ¿Puedes hacer completamente tuya la oración de Agur? ¿Si no puedes, por qué no?

9. ¿Por qué el dinero puede ser un peligro espiritual?

10. Menciona o describe, según las Escrituras, por qué hay esperanza para los cristianos que tambalean debido a sus decisiones financieras imprudentes.

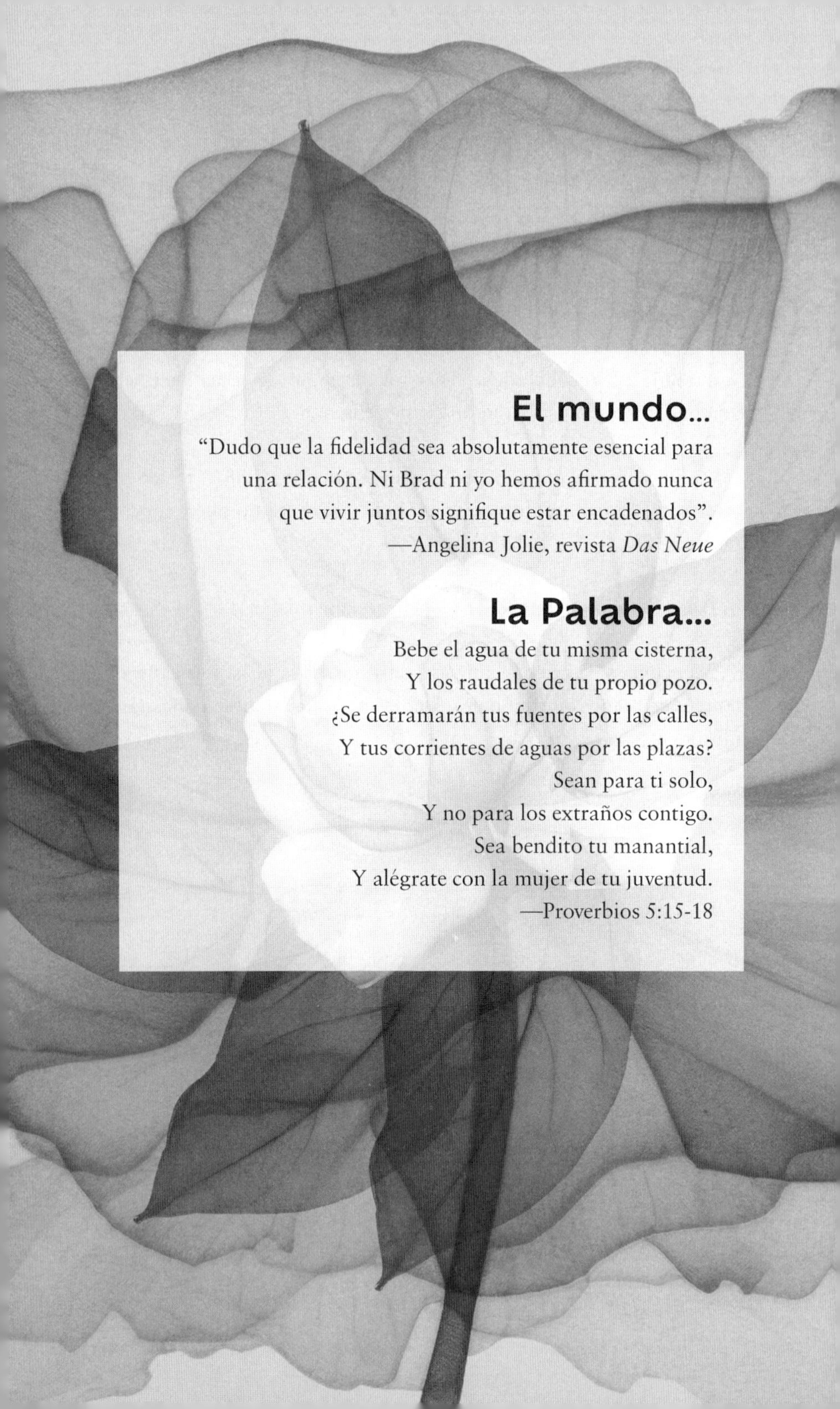

El mundo...

"Dudo que la fidelidad sea absolutamente esencial para
una relación. Ni Brad ni yo hemos afirmado nunca
que vivir juntos signifique estar encadenados".
—Angelina Jolie, revista *Das Neue*

La Palabra...

Bebe el agua de tu misma cisterna,
Y los raudales de tu propio pozo.
¿Se derramarán tus fuentes por las calles,
Y tus corrientes de aguas por las plazas?
Sean para ti solo,
Y no para los extraños contigo.
Sea bendito tu manantial,
Y alégrate con la mujer de tu juventud.
—Proverbios 5:15-18

CAPÍTULO 8

LAS MUJERES SABIAS VELAN POR SU SEXUALIDAD

En una sociedad donde el matrimonio homosexual y la práctica de la pedofilia se consideran derechos, es difícil creer que el adulterio sigue siendo ilegal en algunos estados. Encontramos esto en los libros de leyes de Minnesota:

> Cuando una mujer casada tiene relaciones sexuales con un hombre que no sea su marido, esté casado o no, ambos son culpables de adulterio y pueden ser condenados a una pena de prisión por no más de un año o al pago de una multa de no más de 3000 dólares o ambas cosas.[1]

La razón por la que desconocemos tales leyes es que no se hacen cumplir; se utilizan principalmente como herramientas de negociación en acuerdos de divorcio.[2] Sin embargo, lo que nos importa no es lo que

---

1. Katrina Trinko, "On the Books: Excerpts from State Adultery Laws", http://www.usatoday.com/news/opinion/forum/2010-04-26-column26_ST_N.htm.

2. Jonathan Turley, "Adultery in Many States Is Still a Crime", *USA Today*, 25 de abril de 2010, http://www.usatoday.com/news/opinion/forum/2010-04-26-column26_ST_N. htm.

declaran los libros de leyes sobre las prácticas sexuales, sino lo que declara la Palabra de Dios.

El sexo es un tema grave en el libro de Proverbios. La intención original de esta educación sexual era instruir a los hombres jóvenes sobre qué tipo de mujer buscar y qué tipo evitar. Aunque el público original era masculino, las mujeres también podemos aprender mucho de este. Primero, al considerar la enseñanza de Proverbios sobre la diferencia entre las mujeres buenas y las que no lo son tanto, podemos examinar nuestro corazón para asegurarnos de ser del tipo correcto. En segundo lugar, dado que vivimos en una sociedad donde las mujeres tienen libertad como en ningún otro momento de la historia, el consejo de Proverbios sobre lo que hay que evitar no se aplica solo a los hombres de hoy.

Cuando se compiló Proverbios, las mujeres no eran independientes como lo son ahora. Prácticamente pasaban de la casa de sus padres a la casa de su esposo sin experimentar las temporadas intermedias de la vida en una residencia estudiantil o apartamento, como lo hacen las mujeres jóvenes de hoy. Además, las consecuencias iniciales del pecado sexual en el antiguo Israel eran mucho más graves que hoy, lo que servía como disuasión. Entonces, aunque ahora disfrutamos de una mayor independencia, con tal libertad vienen más oportunidades para la tentación y el pecado sexual.

A medida que profundizamos en todo lo que Proverbios enseña sobre el tema, queremos preguntarnos cómo podemos ser del tipo de mujer que se les aconsejó buscar a los jóvenes lectores masculinos de los proverbios. También queremos adquirir sabiduría para lidiar con nuestras propias tentaciones con respecto al sexo y entender dónde y cuándo surgen y cómo dominarlas.

¿Y por qué el sexo fuera del matrimonio es tan malo?

El pecado sexual, como todos los demás pecados, brota del corazón y puede estallar en acciones e infectar nuestros pensamientos, nuestras palabras y nuestros actos. El necio permite que la inmoralidad escondida en su corazón estalle en pecados sexuales abiertos, pero

¿es realmente tan malo el pecado sexual? Esta pregunta nos interpela a todas en algún momento, y no solo a las mujeres incrédulas. Después de todo, las incrédulas no son las únicas que tienen aventuras amorosas y cuestionan la legitimidad del matrimonio heterosexual. Hay cristianos profesantes que viven en pecado sexual impenitente, que también se han hecho esa pregunta y la han respondido de manera negativa.

Sin embargo, es malo. Muy malo. Por un lado, es una violación del orden creacional de Dios. Dios no diseñó el matrimonio solo para los cristianos; lo estableció en el momento de la creación para todas las personas. El matrimonio, la unión de un hombre y una mujer en un compromiso de por vida, fue establecido por Dios para toda la humanidad. En cuanto a los creyentes específicamente, hay algo sobre el pecado sexual en particular que viola nuestra unión con Cristo, como vemos en un escrito de Pablo a los corintios:

> Las viandas para el vientre, y el vientre para las viandas; pero tanto al uno como a las otras destruirá Dios. Pero el cuerpo no es para la fornicación, sino para el Señor, y el Señor para el cuerpo. Y Dios, que levantó al Señor, también a nosotros nos levantará con su poder. ¿No sabéis que vuestros cuerpos son miembros de Cristo? ¿Quitaré, pues, los miembros de Cristo y los haré miembros de una ramera? De ningún modo. ¿O no sabéis que el que se une con una ramera, es un cuerpo con ella? Porque dice: Los dos serán una sola carne. Pero el que se une al Señor, un espíritu es con él (1 Co. 6:13-17).

De alguna manera mística, nos convertimos en un solo cuerpo con quien tenemos relaciones sexuales. Y Pablo parece decir que ser un cuerpo no es solo una unidad física, sino que también conlleva un componente espiritual.

Las consecuencias del pecado sexual lo confirman. Considera el hecho de que el pecado sexual es destructivo de una forma u otra, física, relacional y siempre espiritual. Como observamos anteriormente, Pablo aclara en Romanos 1 que el pecado sexual surge de corazones que rechazan a Dios, y las personas que no se apartan de él se vuelven cada vez más perversas en sus deseos sexuales. Este pecado las conduce a la insensatez espiritual.

El pecado sexual es malo también porque obstruye el proceso de nuestra santificación:

> La voluntad de Dios es vuestra santificación; que os apartéis de fornicación; que cada uno de vosotros sepa tener su propia esposa en santidad y honor; no en pasión de concupiscencia, como los gentiles que no conocen a Dios; que ninguno agravie ni engañe en nada a su hermano; porque el Señor es vengador de todo esto, como ya os hemos dicho y testificado. Pues no nos ha llamado Dios a inmundicia, sino a santificación. Así que, el que desecha esto, no desecha a hombre, sino a Dios, que también nos dio su Espíritu Santo (1 Ts. 4:3-8).

En ninguna parte de las Escrituras leemos que el sexo está bien si amas a alguien lo suficiente. Tampoco encontramos pasajes que aborden la frecuente pregunta: "¿Hasta dónde puedo llegar antes que sea pecaminoso?". Incluso formular esta pregunta es revelar un corazón dividido, porque al corazón no dividido ni se le cruza por la mente. En cambio, un corazón no dividido pregunta: "¿Qué tan santo puedo ser?".

Los capítulos 5 y 7 de Proverbios advierten a los jóvenes susceptibles que no se dejen seducir por cierto tipo de mujer, que es peligrosa, aunque su peligro se esconda bajo mentiras encantadoras:

> Porque los labios de la mujer extraña destilan miel,
> Y su paladar es más blando que el aceite (Pr. 5:3).

En otras palabras, sabe cómo seducir a un hombre y no tiene escrúpulos en perseguir a los hombres que quiere. Las personas, todas nosotras, podemos sentirnos halagadas cuando alguien nos encuentra atractivas, y el diablo sabe que este tipo de atractivo para nuestro ego es enorme. La tentación del pecado sexual nos sobrevendrá por lo general, ya seamos hombres o mujeres, con una bofetada al ego, y hay terribles consecuencias por ceder:

- Pérdida del honor (Pr. 5:9)
- El esfuerzo de nuestro trabajo irá a dar a casa ajena (Pr. 5:10)
- Pérdida de fuerza y carácter (Pr. 7:22-23, 26)
- Consecuencias físicas continuas (Pr. 5:11)
- Lamento (Pr. 5:12-14)
- Muerte (Pr. 7:26-27)
- Juicio divino (Pr. 5:21)

Sí, el pecado sexual es realmente así de malo.

La mujer inmoral

Referencias a la mujer inmoral, también llamada la "mujer prohibida" y la "adúltera", se encuentran esporádicamente a lo largo de Proverbios, y hay dos grandes secciones del libro que hacen una descripción más completa:

> Porque los labios de la mujer extraña destilan miel,
> Y su paladar es más blando que el aceite;
> Mas su fin es amargo como el ajenjo,
> Agudo como espada de dos filos.
> Sus pies descienden a la muerte;
> Sus pasos conducen al Seol.
> Sus caminos son inestables; no los conocerás,
> Si no considerares el camino de vida.
> Ahora pues, hijos, oídme,
> Y no os apartéis de las razones de mi boca.
> Aleja de ella tu camino,
> Y no te acerques a la puerta de su casa;
> Para que no des a los extraños tu honor,
> Y tus años al cruel;
> No sea que extraños se sacien de tu fuerza,
> Y tus trabajos estén en casa del extraño;
> Y gimas al final,
> Cuando se consuma tu carne y tu cuerpo,
> Y digas: ¡Cómo aborrecí el consejo,

Y mi corazón menospreció la reprensión;
No oí la voz de los que me instruían,
Y a los que me enseñaban no incliné mi oído!
Casi en todo mal he estado,
En medio de la sociedad y de la congregación (Pr. 5:3-14).

Porque mirando yo por la ventana de mi casa,
Por mi celosía,
Vi entre los simples,
Consideré entre los jóvenes,
A un joven falto de entendimiento,
El cual pasaba por la calle, junto a la esquina,
E iba camino a la casa de ella,
A la tarde del día, cuando ya oscurecía,
En la oscuridad y tinieblas de la noche.
Cuando he aquí, una mujer le sale al encuentro,
Con atavío de ramera y astuta de corazón.
Alborotadora y rencillosa,
Sus pies no pueden estar en casa;
Unas veces está en la calle, otras veces en las plazas,
Acechando por todas las esquinas.
Se asió de él, y le besó.
Con semblante descarado le dijo:
Sacrificios de paz había prometido,
Hoy he pagado mis votos;
Por tanto, he salido a encontrarte,
Buscando diligentemente tu rostro, y te he hallado.
He adornado mi cama con colchas
Recamadas con cordoncillo de Egipto;
He perfumado mi cámara
Con mirra, áloes y canela.
Ven, embriaguémonos de amores hasta la mañana;
Alegrémonos en amores.
Porque el marido no está en casa;
Se ha ido a un largo viaje.

> La bolsa de dinero llevó en su mano;
> El día señalado volverá a su casa.
> Lo rindió con la suavidad de sus muchas palabras,
> Le obligó con la zalamería de sus labios (Pr. 7:6-21).

Analizar detenidamente a la mujer inmoral de Proverbios nos enseña mucho sobre nuestro propio corazón. Es probable que descubramos que tenemos más de ella en nosotras de lo que nos imaginamos.

Primero, descubrimos que es una mujer *descontenta*:

> Alborotadora y rencillosa,
> Sus pies no pueden estar en casa (Pr. 7:11).

Una mujer descontenta siempre está buscando algo diferente de lo que ya tiene. Quiere algo que cree que Dios no le ha dado. La vemos en la mujer soltera que está desesperada por un marido y en la mujer casada que quiere un marido diferente o un matrimonio más perfecto. Cualquiera que sea nuestra situación, podemos estar seguras de que el descontento se ha anidado en nuestro corazón cada vez que pensamos: *Dios no hizo lo correcto conmigo, así que conseguiré lo que quiero por mi cuenta*. Claro, no lo pensamos ni lo decimos así, pero como quiera que lo hagamos, lo estamos expresando cada vez que buscamos satisfacción a nuestra manera por nuestros propios medios.

Lo segundo que notamos sobre ella es que *alimenta su lujuria*:

> Ven, embriaguémonos de amores hasta la mañana;
> Alegrémonos en amores (Pr. 7:18).

Por lo general, se piensa que la lujuria es un problema de los hombres, pero eso es incorrecto. La lujuria no es una cuestión de género; es una cuestión de *oportunidad*. Los hombres o las mujeres expuestos o que se exponen por voluntad propia a estímulos sexuales van a sentir lujuria. Si se levantan las protecciones, o si nosotras mismas las levantamos, sentiremos lujuria. Y si alimentamos pensamientos y deseos lujuriosos, en poco tiempo estallarán en actos de inmoralidad abierta.

Tercero, Proverbios revela que la mujer inmoral *busca conseguir lo que quiere y a quien quiere por medio de sus palabras*. Se aconseja a los jóvenes que adquieran sabiduría para que no sean víctimas de la mujer adúltera "que lisonjea con sus palabras" (2:16, NBLA). Tal mujer no tiene reparos en tratar de atraer y llamar la atención de los maridos de otras mujeres. Tal vez has sentido el aguijón de los celos porque otra mujer, de una forma u otra, ha llamado la atención de tu esposo. ¡Es una sensación horrible! Ahora bien, ¿nunca somos culpables de hacer lo mismo? Podríamos serlo a veces, sin darnos cuenta de que lo estamos siendo.

Esto puede ser un peligro especialmente en un entorno de oficina, donde hombres y mujeres trabajan codo con codo y pasan más horas activas con sus compañeros de trabajo que con sus cónyuges. Para las mujeres trabajadoras que hay entre nosotras, ¿tenemos cuidado con lo que hacemos con tanta proximidad? Es de esperar que evitemos conscientemente las palabras insinuantes con nuestros compañeros de trabajo casados, pero ¿hacemos todo lo posible para proteger de la tentación a nuestros colegas casados? Las bromas en la oficina pueden ser una pendiente resbaladiza, al igual que tener conversaciones sobre nuestra vida personal o sobre la de ellos. Trabajar juntos es una experiencia que une y, naturalmente, surgen las amistades. Y precisamente debido a eso, hay razón de más para cuidar nuestras palabras en la oficina.

Las palabras lisonjeras de Proverbios 2:16 quizás se entiendan mejor como palabras halagadoras. Como vimos anteriormente, son el tipo de palabras a las que todas las personas, tanto hombres como mujeres, son susceptibles, porque los aduladores apuntan sus palabras directamente a las debilidades que perciben en los demás. Los aduladores siempre buscan algo de aquellos a quienes adulan, y si no encontramos nuestra satisfacción en la providencia de Dios y en Dios mismo, las palabras de un adulador pueden ser nuestra caída en el pecado sexual. ¿Y tú? ¿Eres susceptible a los halagos de un hombre con el que no estás casada? Es probable que seamos susceptibles a la adulación de hombres no disponibles para nosotras si sus palabras nos llegan a un área de decepción o fracaso personal, o a un área en la que sentimos que nuestro esposo nos ha defraudado.

La mujer inmoral también se caracteriza por *negarse a pensar seriamente en la vida*:

> No considera la senda de la vida;
> Sus senderos son inestables, *y* no *lo* sabe (Pr. 5:6, NBLA).

El proverbio no dice que aquellas que tienen una personalidad campante y despreocupada son propensas a la inmoralidad. Sino que establece un vínculo entre la inmoralidad y la mujer a quien no le interesa en absoluto pensar en la vida. "El sentido general es que sus caminos son tan *tramposos* y *resbaladizos*... que no le permiten pensar seriamente en la vida", escribe Derek Kidner.[3] Nos cuesta pensar en muchas cosas —pérdidas dolorosas y decisiones difíciles que debemos tomar, y dificultades continuas que nunca parecen resolverse— y la rutina de la vida diaria puede ser abrumadora a veces. No obstante, las mujeres sabias, aquellas que viven con una humilde confianza en Dios, pueden enfrentar su realidad con contentamiento y descubrir más facetas del buen carácter de Dios en el proceso. Las que se niegan a lidiar con las dificultades de la vida están rechazando a Dios y, en el proceso, recurren a un dios creado por ellas mismas como una forma de escapar de las dificultades.

El placer sexual es una vía de escape común; si no, pregúntale a cualquiera que haya engañado a su cónyuge durante un momento difícil de su matrimonio. O pregúntale a la veinteañera soltera que, abandonada por su padre durante su infancia, ya se ha acostado con más hombres de los que puede contar. O pregúntale a la adicta a la pornografía cuya adicción comenzó navegando en la web como una vía de escape de la soledad. No están pensando en el camino de la vida, y sus caminos son errantes.

También vemos que las actividades inmorales de la mujer de Proverbios *se realizan en la oscuridad:*

---

3. Derek Kidner, *Proverbs: An Introduction and Commentary* (Leicester: Inter-Varsity, 1964), 69; énfasis original. Publicado en español por ediciones Certeza con el título: *Proverbios: Introducción y comentario*.

> Porque mirando yo por la ventana de mi casa,
> Por mi celosía,
> Vi entre los simples,
> Consideré entre los jóvenes,
> A un joven falto de entendimiento,
> El cual pasaba por la calle, junto a la esquina,
> E iba camino a la casa de ella,
> A la tarde del día, cuando ya oscurecía,
> En la oscuridad y tinieblas de la noche (Pr. 7:6-9).

El comportamiento inmoral se realiza en la oscuridad; en otras palabras, siempre hay una naturaleza secreta en ello. Aquí hay un área donde el autoexamen no debería resultar demasiado difícil. Cualquier encuentro o actividad que sintamos que debemos esconder o sobre el que debamos responder con evasivas, aunque sea un poco, probablemente no sea bueno. Si algo es honorable y correcto, la luz puede brillar sobre ello con toda su fuerza y sin escrúpulos en nuestro corazón. Cualquier reticencia a revelarlo es un aviso de que algo anda mal.

Cómo no parecernos a ella

Entonces, ¿cómo evitamos ser como ella? O, si nos hemos dado cuenta de que ya nos parecemos a ella, ¿cómo podemos cambiar?

Primero, podemos aprender a reconocer lo que atrae nuestro corazón a la tentación. Para algunas de nosotras, es el deseo de sentirnos deseadas o parecer atractivas, el deseo de sentirnos codiciadas. Nuestra tentación puede no ser tanto el sexo en sí, sino resultar excitante para los demás. Sin embargo, para otras mujeres no es más que lujuria, y la táctica para evitarla aquí es simple: no lo hagas. No pienses en eso. No fantasees.

La tentación puede llegar a otras mujeres mediante un fuerte deseo de escapar de una realidad cotidiana incómoda, y jugar con algo moralmente turbio parece una forma razonable de lidiar con la tensión hasta que la situación mejore. Lo que nos puede hacer tropezar aquí es la tentación, la mentira, de que escapar mediante un flirteo, conversación o coqueteo ilícito es seguro porque nadie se enterará. Eso es exactamente lo que pensó la mujer inmoral de Proverbios 7.

> Ven, embriaguémonos de amores hasta la mañana;
> Alegrémonos en amores.
> Porque el marido no está en casa;
> Se ha ido a un largo viaje (Pr. 7:18-19).

Debemos estar atentas a cualquier cosa que nos atraiga como un medio para satisfacer una necesidad rápidamente, en silencio, en un pequeño rincón de nuestra vida, que nos lleve a creer que no afectará a ningún otro rincón, porque nos estamos engañando. Siempre, sin excepción, afectará mucho más que un rincón o dos de nuestra vida.

También podemos evitar llegar a ser como la mujer inmoral de Proverbios al reconocer el poder del pecado sexual. Hay una sabiduría valiosa en dicho conocimiento, que no tiene por qué surgir (y espero que no surja) de la experiencia personal. Todo lo que necesitamos es la voluntad de aceptar la realidad de cuán inmoral es el pecado y que en esta vida nunca podremos librarnos de él.

> Porque a muchos ha hecho caer heridos,
> Y aun los más fuertes han sido muertos por ella (Pr. 7:26).

Aquellas de nosotras que no hemos conocido por experiencia propia la destrucción del pecado sexual, seguramente lo hemos observado, si no fue entre nuestra familia o amistades, sin lugar a dudas, en los medios de comunicación. Rompe corazones y familias; arruina carreras; destruye vidas. A la luz de las consecuencias muy tangibles, el hecho de que tantas personas todavía caigan presa de él es testimonio de su poder. El apetito sexual es probablemente el instinto más fuerte que experimentan los seres humanos.

Sin embargo, el instinto hacia la expresión sexual no es la única razón por la que las personas se sienten atraídas. "A muchos ha hecho caer heridos", dice Proverbios. Otra traducción señala: "Porque muchas son las víctimas derribadas por ella" (NBLA). Las personas que caen moralmente son víctimas de su naturaleza pecaminosa básica y de sus instintos naturales, pero algunas también son víctimas del pecado de otros. Muchas mujeres jóvenes promiscuas han sufrido abandono o abuso por parte de sus padres, al igual que la mayoría de las mujeres de la industria pornográfica. La "víctima" del versículo 26 es alguien dañado por el pecado, ya sea el suyo o el de otro.

La manera principal de evitar llegar a ser como la mujer inmoral es *huir de la tentación* y de las cosas que la avivan. Eso es lo que tuvo que hacer José cuando la esposa de Potifar, que había comenzado a mirarlo con deseos sexuales, le dijo "duerme conmigo" (Gn. 39:7). José estaba en una posición en la que huir podría haberle costado la vida (es poco probable que ese sea nuestro caso), pero finalmente sintió que no tenía otra opción porque la mujer insistía en su acoso (v. 10), y eso lo llevó a huir. La Biblia no nos cuenta por qué huyó José, pero podría haber sido porque esa mujer lasciva estaba debilitando su determinación. Se haya sentido tentado o no, huyó de la situación a riesgo de su propia vida, y ciertamente padeció como resultado de su obediencia a Dios. Sin embargo, podemos estar seguras de que, con el paso del tiempo, no se arrepintió.

Pablo lo expresó en términos claros: "Huid de la fornicación" (1 Co. 6:18). Entonces, ¿cómo huimos exactamente de nuestras tentaciones personales al pecado sexual? Una forma de huir es no dar la impresión a los demás de que estamos abiertas a la posibilidad. Las señales sexuales no son difíciles de captar. Hay una especie de radar sexual que parece estar integrado en las personas, tanto en hombres como en mujeres.

Otra manera de huir es mantenernos alejadas de la clase de entretenimiento provocativo. Si no disponemos de la opción de avance rápido en una película, tal vez debamos omitirla por completo. En serio. ¿De qué sirve ver esa intensa sesión de besos o esa escena gráfica de sexo?

También es sabio ser selectivas con nuestras compañías. ¿Hemos captado una señal ilícita en nuestro radar sexual al estar en compañía de cierta persona? Si es así, y especialmente si nos damos cuenta de que nuestro radar ha activado el modo respuesta, nuestro curso de acción es claro: salir de allí. Sal de la habitación o corta esa relación, si es necesario. Si lo percibimos en esta etapa, no hay manera de que pueda avanzar.

A veces, cuando consideramos la huida, surgen en nuestra mente las ramificaciones negativas de hacerlo, entonces, en lugar de dar un paso radical, decidimos solo sustraernos de la tentación. Ocasionalmente eso funciona; pero no siempre. No hay posibilidad de equivocarnos si seguimos la instrucción de Pablo, sin importar el resultado. Acuérdate de José.

> Aleja de ella tu camino,
> Y no te acerques a la puerta de su casa (Pr. 5:8).

Ser sabia en este tipo de situaciones implica más que solo saber lo que dice la Biblia al respecto. Después de todo, los cristianos que caen en esta área por lo general *saben* lo que dice la Biblia, pero aun así han cedido a la tentación. La sabiduría que necesitamos para no caer en el pecado sexual es el temor del Señor. La mejor manera de huir de la tentación es cultivar una confianza permanente en Dios arraigada en la convicción de que el camino de la santidad que Él ha trazado para cada una de nosotras conducirá a la prosperidad mental, emocional y espiritual. Este es el temor del Señor en la práctica.

Salvaguardas del matrimonio

Las mujeres sabias, sean casadas o solteras, reconocen que el pecado sexual es una violación del matrimonio, y por eso buscan salvaguardar no solo su propio matrimonio, sino también el de los demás.

La primera salvaguarda es reconocer que *es necesario salvaguardar el matrimonio*, porque nadie está exento de caer en el pecado sexual. Tanto hombres como mujeres son susceptibles, y eso incluye a hombres y mujeres cristianos. Es el colmo de la necedad pensar que, solo porque somos creyentes o tenemos un ministerio exitoso, estamos exentos de caer en él. De hecho, los más propensos a caer son aquellos que están convencidos de que nunca caerán. "Así que, el que piensa estar firme, mire que no caiga", escribió Pablo (1 Co. 10:12). ¿Cuántas veces hemos escuchado decir a la gente al enterarse de la aventura amorosa de una persona creyente: "¿Cómo pudo haber sucedido eso? ¡Pensé que era cristiana!"? La verdad es que creemos que los cristianos están menos tentados a pecar en este ámbito; pero si eso fuera cierto, la Biblia, que está escrita específicamente para el pueblo de Dios, no estaría llena de tantas advertencias al respecto.

El adulterio es un ataque directo al matrimonio, no una simple transgresión; es la destrucción voluntaria de una unión ordenada por Dios. Y el resultado del adulterio siempre es amargo. ¿Alguna vez has oído hablar de una relación adúltera que no resultó en amargura? Lo que vemos en el mundo que nos rodea y en nuestras propias experiencias confirma esta verdad. Así lo hace la Palabra de Dios:

> Mas el que comete adulterio es falto de entendimiento;
> Corrompe su alma el que tal hace.
> Heridas y vergüenza hallará,
> Y su afrenta nunca será borrada (Pr. 6:32-33).

No hay nada tan dañino para un matrimonio como el adulterio. Jesús dijo: "... el que repudia a su mujer, a no ser por causa de fornicación, hace que ella adultere; y el que se casa con la repudiada, comete adulterio" (Mt. 5:32). Sus palabras implican que el pecado sexual puede destruir por completo un matrimonio. Y si el divorcio ocurre como resultado, Dios se entristece. Jesús puede haber dado una escapatoria al cónyuge traicionado, pero eso no significa que salir por la escapatoria sea agradable a Dios. A Él nunca le complace el divorcio, sea cual sea la causa, lo que coloca al cónyuge traicionado en un terrible dilema: o permanecer en un matrimonio roto y sin confianza o bien abandonar el matrimonio y entristecer a Dios. Independientemente de si el matrimonio permanece intacto o no, el resultado del adulterio es amargo.

Los padres del rey Salomón, el principal autor del libro de Proverbios, se unieron como resultado de una relación adúltera. La madre de Salomón, Betsabé, estaba casada con un hombre llamado Urías;

pero se acostó con el rey David, el padre de Salomón, mientras Urías estaba fuera en servicio al ejército. Como resultado, Betsabé quedó embarazada y David tramó un complot para evitar que Urías se enterara. Sin embargo, el complot fracasó, y David mandó matar a Urías en la batalla. Al final, todo fue en vano. Dios juzgó el acto de adulterio al permitir la muerte del hijo de Betsabé. Puedes leer toda la historia en 2 Samuel 11. El adulterio siempre conduce a mentiras y pérdidas, el cien por ciento de las veces. Dado que ninguna de nosotras está exenta de caer en él, la primera salvaguarda que levantamos es el humilde reconocimiento de que no estamos exentas de caer en él.

La segunda defensa es *cultivar gratitud por nuestro matrimonio* y por el matrimonio en general.

> Sea bendito tu manantial,
> Y alégrate con la mujer de tu juventud,
> Como cierva amada y graciosa gacela.
> Sus caricias te satisfagan en todo tiempo,
> Y en su amor recréate siempre.
> ¿Y por qué, hijo mío, andarás ciego con la mujer ajena,
> Y abrazarás el seno de la extraña? (Pr. 5:18-20).

Es más fácil decirlo que hacerlo —podrías estar pensando—. *Tú hablas porque no tienes un marido como el mío*, pero ese no es el asunto. Es muy probable que muchos de los hombres que procuraban seguir las instrucciones del proverbio no estaban casados con una cierva amada y tampoco con una graciosa gacela. El maestro no estaba tratando de ser un idealista. Lo más probable es que estuviera instruyendo a sus alumnos sobre la importancia de ver a su cónyuge bajo una luz específica, y nosotros podemos hacer lo mismo. Es posible que tu esposo no sea el príncipe azul que pensaste que era al principio, pero elegiste casarte con él por una razón. ¿Cuál era? Piensa de nuevo. Recuerda sus buenas cualidades y concéntrate en ellas en lugar de aferrarte a los desengaños y las cualidades que ahora te parecen tan irritantes.

¿Estás luchando con esa situación? La mayoría de las personas casadas lo hacen en un momento u otro, pero Dios, que ama bendecir lo que ha ordenado, te ayudará a renovar tu felicidad conyugal si estás dispuesta a recibir ayuda.

Cada vez que lucho con el descontento, descubro que la salida comienza con la práctica de la gratitud. Últimamente mi lucha ha implicado mi vivienda. Vivo en una vivienda multifamiliar, y mi vecino de arriba tiene los pies pesados. Además, es joven, lo que significa que tiene la energía para estar afuera hasta las dos de la madrugada los fines de semana y una o dos veces durante la semana. Yo, en cambio, soy de sueño ligero, y dado que no soy tan joven, para mí estar despierta a las diez de la noche ya es trasnochar. Las diferencias en el estilo de vida podrían fácilmente crear discordia entre vecinos, pero por la gracia de Dios nos llevamos bien. Doy gracias a Dios por eso. Y recuerdo la vez que este vecino recogió mi correo cuando me olvidé de pedir que lo dejaran en la oficina de correos antes de un viaje, y otra vez cuando me llevó el árbol de Navidad al borde de la acera para desecharlo después de las fiestas. Y recuerdo que hizo dos giras en Irak como infante de marina. Además, oro por él, y he descubierto que si oro cuando estoy más molesta, la molestia se disipa. Orar por alguien es un acto de amor, y la irritación tiende a desvanecerse ante el amor en acción.

Si todo esto parece un poco piadoso, permíteme agregar rápidamente que recordar las cualidades positivas e incluso orar por el otro en medio de una dificultad relacional vence el descontento por el solo hecho de que se hace en el temor del Señor. En otras palabras, es el resultado de aferrarse a Cristo en medio de una dificultad y ser transformada en el proceso. Mediante nuestra unión con Cristo, descubriremos que podemos deleitarnos cada vez más en aquellos que nos irritan, ya sea nuestro prójimo, nuestra amiga o nuestro esposo, y cuando se trata del cónyuge, existe la dimensión adicional del sello de Dios sobre la relación. El que ordenó el matrimonio en general ordenó el tuyo en particular, y se preocupa más por tu salud conyugal que por cualquier otra relación humana que tengas. Dios no está ciego a las dificultades, grandes o pequeñas. No es ajeno a la pérdida de respeto por tu esposo o el dolor que sientes porque tu esposo ha dejado de tener comunicación contigo. Cualquiera que sea el problema, puedes vivir en paz y valorar tu matrimonio, incluso cuando no ves ningún cambio, si tan solo te aferras a Cristo en lugar de aferrarte a tus ideales para tu esposo y tu matrimonio. Si tu matrimonio es difícil, valóralo de todos modos, porque Dios lo valora.

Casadas o solteras, todas estamos llamadas a valorar el matrimonio simplemente porque Dios lo valora. Esto puede ser difícil no solo para las mujeres con problemas en su matrimonio, sino también para las mujeres solteras que anhelan casarse. La sola idea de que deben valorar y cuidar algo que no tienen puede generar resentimiento. Sin embargo, las mujeres sabias, casadas o solteras, valoran el matrimonio.

Otra importante salvaguarda para el matrimonio —el nuestro y el de los demás— es *sumergirnos en la Palabra de Dios*:

> Porque el mandamiento es lámpara, y la enseñanza es luz,
> Y camino de vida las reprensiones que te instruyen,
> Para que te guarden de la mala mujer,
> De la blandura de la lengua de la mujer extraña (Pr. 6:23-24).

Se necesita humildad para reconocer y admitir que podemos caer en esta tentación sino dependemos del Espíritu Santo y las Escrituras. No somos lo suficientemente fuertes para resistir ciertas tentaciones por nuestra cuenta, y tampoco lo es el mejor de los matrimonios.

La cuarta salvaguarda es *no creer la mentira de que nadie saldrá lastimado*.

> ¿Tomará el hombre fuego en su seno
> Sin que sus vestidos ardan?
> ¿Andará el hombre sobre brasas
> Sin que sus pies se quemen?
> Así es el que se llega a la mujer de su prójimo;
> No quedará impune ninguno que la tocare (Pr. 6:27-29).

Cuando tiene lugar el adulterio, alguien siempre sale lastimado. A corto plazo, suele ser solo el cónyuge traicionado y los hijos del matrimonio roto. A la larga, también lo es el cónyuge infiel y su pareja, pues su relación no solo se forjó sobre bases ilícitas, sino que además está compuesta por dos personas con un carácter manifiestamente inmoral. La conclusión es esta: si una mujer abandona a su esposo porque ya no se siente enamorada, es inmoral. Si ella afirma que sus acciones tienen la aprobación de Dios porque Él solo quiere que ella sea feliz, es una blasfemia.

La quinta salvaguarda es cultivar dentro de tu matrimonio *una vida sexual sana y activa.*

> Bebe el agua de tu misma cisterna,
> Y los raudales de tu propio pozo.
> ¿Se derramarán tus fuentes por las calles,
> Y tus corrientes de aguas por las plazas?
> Sean para ti solo,
> Y no para los extraños contigo.
> Sea bendito tu manantial,
> Y alégrate con la mujer de tu juventud,
> Como cierva amada y graciosa gacela.
> Sus caricias te satisfagan en todo tiempo,
> Y en su amor recréate siempre (Pr. 5:15-19).

Las Escrituras no tienen exagerados escrúpulos morales. De hecho, en algunos pasajes se habla de manera bastante gráfica sobre el sexo, como en el Cantar de los Cantares. Y el apóstol Pablo instruyó con franqueza a los esposos y a las esposas a no negarse el uno al otro: "El marido cumpla con la mujer el deber conyugal, y asimismo la mujer con el marido" (1 Co. 7:3). Y explica la razón: "A causa de las fornicaciones, cada uno tenga su propia mujer, y cada una tenga su propio marido" (v. 2). Proverbios 5:15-19 da la misma instrucción, que se aclara en el siguiente versículo: "¿Y por qué, hijo mío, andarás ciego con la mujer ajena, y abrazarás el seno de la extraña? (v. 20). Derek Kidner escribe: "Es muy importante ver el placer sexual en el matrimonio como una dádiva de Dios; y la historia confirma que cuando el matrimonio se ve principalmente como un acuerdo comercial, no solo se malinterpreta la generosidad de Dios, sino que la pasión humana busca (cp. v. 20) otras salidas".[4] La forma de evitar las tentaciones del pecado sexual es disfrutar del sexo con tu propio esposo.

Esta instrucción puede ser desalentadora para aquellas que, por una u otra razón, están experimentando una temporada en la que el sexo se ha convertido en que deben soportar en vez de disfrutar. Esto no es poco común para las mujeres que enfrentan el cansancio de cuidar a un bebé o para las mujeres que están atravesando la menopausia, y todas las parejas pasan por temporadas en las que el sexo ha llegado a ser la antigua rutina de siempre; pero así es la vida, no solo en tu matrimonio, sino en todos. Quizás Dios no tenía la intención de que esa pasión intensa, ardiente y palpitante que caracterizó el primer año de tu matrimonio durara para siempre. Si fuera así, tal vez nunca te hubieras levantado de la cama para asumir las responsabilidades de la vida cotidiana. Debido a que los seres humanos somos tan egocéntricos por naturaleza, quizás Dios diseñó esa pasión inicial solo para llevarnos al matrimonio. Sin esa tensión sexual, hay muchos que tal vez nunca estén dispuestos a caminar por el altar y aceptar la muerte al egoísmo que requiere el matrimonio.

Entonces, si es así, ¿no es esta particular salvaguarda del matrimonio un poco idealista? No lo es, ya que es la Palabra de Dios la que la considera una salvaguarda. Tal vez solo necesitamos verla un poco diferente. Podríamos imaginar que la recreación de la que habla Proverbios 5:19 son sentimientos de intensa pasión sexual, pero ¿por qué focalizarnos en eso? ¿No hay recreación en la unidad y la intimidad y en el hecho de que, por diseño de Dios, el sexo promueve el amor? Si lo que se requería para un matrimonio placentero eran dos personas que no pudieran quitarse las manos de encima, entonces ni Proverbios ni Pablo se habrían sentido obligados a instruir a los cónyuges a no dejar de tener intimidad sexual. Nos recrearemos en el amor si bebemos el agua de nuestra propia cisterna, con o sin pasión palpitante.

A veces, por supuesto, hay impedimentos, y algunas mujeres no tienen su cisterna; pero ninguna de nosotras carece de un pozo,

---

4. Ibíd., 71.

porque Jesús es nuestro pozo más importante e inamovible. A la mujer que había tenido cinco maridos más un concubino, pero que nunca había hallado lo que buscaba, le dijo: "Si conocieras el don de Dios, y quién es el que te dice: Dame de beber; tú le pedirías, y él te daría agua viva" (Jn. 4:10). Él es nuestra agua viva, y de allí podemos beber profundamente, sin importar nuestro estado civil. Podemos descansar en Él cuando nuestro matrimonio no nos satisface. Podemos descansar en Él si no *tenemos* un matrimonio. Cuando bebemos de este pozo, encontramos todo lo que necesitamos para resistir la tentación de buscar el amor en cualquier lugar indebido.

La sexta defensa es *cultivar el celo de Dios*. En otras palabras, cuida tu matrimonio. No permitas que otros entren en el espacio íntimo que compartes con tu cónyuge. Pensamos que los celos son pecaminosos, y lo son cuando surgen del deseo de tener algo que pertenece a otra persona. No es pecaminoso cuando se trata de proteger lo que Dios nos ha dado. Los celos piadosos funcionan como una luz indicadora que se enciende de color rojo en el tablero cuando algo funciona mal en el motor. Los celos por nuestro matrimonio reflejan los celos de Dios por su pueblo. A lo largo del Antiguo Testamento vemos que Dios está furiosamente celoso cuando su pueblo lo engaña con otros dioses (ver, p. ej., Dt. 32:16; 1 R. 14:22; Sal. 78:58; Ez. 5:13), y su ira al ser traicionado se refleja en la ira del marido traicionado de Proverbios:

> Porque los celos son el furor del hombre,
> Y no perdonará en el día de la venganza (Pr. 6:34).

Un joven pastor y su esposa invitaron a una joven luchadora a vivir en su casa por un período de tiempo indefinido. Ahora bien, era una joven atractiva, y aunque las intenciones en general fueron buenas, nunca fue una buena idea. Un mes después de haberse mudado a la casa, la esposa me expresó su malestar con esa situación. Le sugerí que fuera a su casa y le comentara de inmediato acerca de su incomodidad a su esposo, lo cual hizo, y juntos ayudaron a la joven a reubicarse antes que terminara esa semana. Los celos de la esposa fueron buenos y correctos, al igual que la respuesta del esposo. Juntos aprendieron una sabia y práctica lección: salvo cualquier otra opción razonable (no necesariamente ideal, pero razonable), una mujer joven y atractiva no debería ir a vivir con una pareja casada.

Otra pareja que conozco está pasando por un momento difícil en su matrimonio. Hace unos meses, la esposa le confesó a su esposo que luchaba con sentimientos homosexuales, y desde su confesión han estado tratando de hacerle frente a su inquietante reconocimiento. Sin embargo, últimamente ha desarrollado una estrecha amistad con una mujer que comparte su misma lucha. El esposo está celoso y con razón, pero tiene miedo de decirlo porque la nueva amistad de su esposa le ha quitado el mal humor. Sería una sabia decisión expresar esos celos de inmediato y sin reservas.

La inmoralidad, ya sea antes, durante o después del matrimonio; ya sea mental, emocional o física, siempre es rebelión contra Dios. Los cristianos pueden caer y, de hecho, caen. Y en realidad, todos somos culpables en diversos grados. ¿Crees que no? Basta con leer las palabras de Jesús en Mateo: "Oísteis que fue dicho: No cometerás adulterio. Pero yo os digo que cualquiera que mira a una mujer para codiciarla, ya adulteró con ella en su corazón" (Mt. 5:27-28). ¿Nunca has mirado a alguien con pensamientos lujuriosos? Tal vez seas la rara excepción que nunca lo ha hecho; pero mira lo que el Catecismo Mayor de Westminster señala al respecto y fíjate si no se parece más a la mujer inmoral de Proverbios de lo que quizás te hayas dado cuenta:

> Los deberes exigidos en el séptimo mandamiento son, castidad en mente, afectos, palabras, y comportamiento; y la preservación de la misma en nosotros y otros; vigilancia sobre los ojos y todos los sentidos; temperancia, mantener compañía casta, modestia en el atavío; matrimonio por aquellos que no tienen el don de continencia; amor, y cohabitación conyugal; trabajo diligente en nuestras vocaciones; evitar toda ocasión para la impureza, y resistir las tentaciones de la misma. Los pecados prohibidos en el séptimo mandamiento, además de la negligencia en los deberes exigidos, son adulterio, fornicación, violación, incesto, sodomía y toda pasión contra naturaleza; todos los pensamientos, propósitos,

> imaginaciones y afectos impuros; todas las conversaciones impuras, así como el escucharlas; miradas lascivas, comportamiento impúdico o ligero, atavío inmodesto; prohibición de los matrimonios lícitos y autorizar los ilícitos; aceptar, tolerar, proteger burdeles o frecuentarlos; enredarse con votos de vida célibe, dilación indebida del matrimonio; tener más de un cónyuge a la vez; el divorcio injusto, o la deserción; la ociosidad, glotonería y borrachera, compañías impuras, cantos, libros, pinturas, bailes y teatros lascivos; y todos los demás actos de impureza, o incitaciones a la misma, tanto tratándose de nosotros como de los demás.

A la luz de esto, ¿qué debemos hacer? Todas somos o hemos sido la mujer inmoral de una forma u otra. Si algo en esa descripción concuerda con nuestro estado actual, hacemos bien en considerar lo que Jesús le dijo a la mujer adúltera que llevaron arrastrada ante Él: "¿Ninguno te condenó?... Ni yo te condeno; vete, y no peques más" (Jn. 8:10-11).

Quizás hay algo en el catecismo que describe un tiempo anterior en nuestra historia personal, un pecado particular del cual nos arrepentimos hace mucho tiempo. Si es así, podemos considerar a las mujeres que Dios colocó en el linaje de Jesús. Está Tamar, que se hizo pasar por prostituta y se acostó con su suegro. Está Rahab, que era realmente una prostituta. Y está Betsabé, que tuvo una relación con el rey mientras su marido estaba fuera. Las tres tuvieron un pasado sórdido, pero luego recibieron un lugar de honor en la historia de la redención.

Si estás llena de arrepentimiento por tus pecados sexuales del pasado y crees que debes renunciar a futuras bendiciones y a ser apta para el servicio de Dios, solo mira algo que Dios prometió a los suyos si se arrepentían de su adulterio espiritual:

> Y os restituiré los años que comió la oruga, el saltón, el revoltón y la langosta, mi gran ejército que envié contra vosotros. Comeréis hasta saciaros, y alabaréis el nombre de Jehová vuestro Dios, el cual hizo maravillas con vosotros; y nunca jamás será mi pueblo avergonzado (Jl. 2:25-26).

Acerca de ese pasaje del profeta Joel, James Boice escribe:

> No podemos deshacer lo hecho. El pecado es pecado, y los efectos del pecado a menudo continúan por largos períodos de tiempo. Sin embargo, Dios puede restaurar lo que se comieron las langostas. Puede que se hayan perdido oportunidades, pero Dios puede dar oportunidades nuevas e incluso mejores. Las amistades pueden haberse distanciado y alejado, pero Dios puede dar nuevas amistades e incluso restaurar a muchas de las antiguas. Dios puede romper el poder del pecado y restaurar una santidad y un gozo personal que hubiera sido impensado en rebelión. ¿Eres alguien cuya vida ha sido destruida por las langostas del pecado? ¿El pecado ha despojado tu vida de todo lo verde, de tal manera que parece un desierto espiritual? Si es así, debes volver a Aquel que es el único que puede hacer que la vida vuelva a ser fructífera. Solo Dios puede restaurar los años perdidos.[5]

GUÍA DE ESTUDIO

Capítulo 8: Las mujeres sabias velan por su sexualidad

1. ¿Cuál fue el propósito original de la instrucción de Proverbios sobre la pureza sexual? ¿Por qué es importante esta instrucción para las mujeres de hoy?

---

5. James Montgomery Boice, *The Minor Prophets: Two Volumes Complete in One Edition* (Grand Rapids, MI: Kregel, 1996), 116-17.

2. Menciona o describe por qué la actividad sexual fuera del matrimonio es mala. Basa tu respuesta en pasajes de las Escrituras como 1 Corintios 3:1-13; 6:12-20 y 1 Tesalonicenses 4:3-8.

3. ¿Por qué somos tan susceptibles a la tentación sexual?

4. Identifica las consecuencias del pecado sexual expuestas en Proverbios 5:9-21 y 7:22-27. ¿Dónde has observado la realidad de estas consecuencias?

5. ¿Qué vínculo hace Proverbios entre la conducta inmoral y el descontento?

6. Menciona o describe algunas características de la mujer inmoral de Proverbios.

7. Menciona o describe algunas maneras prácticas de evitar el pecado sexual.

8. ¿Por qué es el adulterio un ataque directo al matrimonio y no tan solo una transgresión de este?

9. ¿Cuáles son algunas formas que enseña Proverbios para salvaguardar nuestro matrimonio del adulterio? ¿Cómo podríamos llevar a la práctica estas salvaguardas en nuestro propio matrimonio?

❀ 10. Lee la historia de David y Betsabé en 2 Samuel 11:1–12:23. ¿Qué verdades del libro de Proverbios sobre el adulterio ves manifestadas en esta historia?

PARTE 3
UN RETRATO DE LA SABIDURÍA

Mujer virtuosa, ¿quién la hallará?
Porque su estima sobrepasa
largamente a la de las piedras
preciosas.
El corazón de su marido está en
ella confiado,
Y no carecerá de ganancias.
Le da ella bien y no mal
Todos los días de su vida.
Busca lana y lino,
Y con voluntad trabaja con sus
manos.
Es como nave de mercader;
Trae su pan de lejos.
Se levanta aun de noche
Y da comida a su familia
Y ración a sus criadas.
Considera la heredad, y la compra,
Y planta viña del fruto de sus
manos.
Ciñe de fuerza sus lomos,
Y esfuerza sus brazos.
Ve que van bien sus negocios;
Su lámpara no se apaga de noche.
Aplica su mano al huso,
Y sus manos a la rueca.
Alarga su mano al pobre,
Y extiende sus manos al
menesteroso.
No tiene temor de la nieve por su
familia,
Porque toda su familia está vestida
de ropas dobles.
Ella se hace tapices;
De lino fino y púrpura es su
vestido.
Su marido es conocido en las
puertas,
Cuando se sienta con los ancianos
de la tierra.
Hace telas, y vende,
Y da cintas al mercader.
Fuerza y honor son su vestidura;
Y se ríe de lo por venir.
Abre su boca con sabiduría,
Y la ley de clemencia está en su
lengua.
Considera los caminos de su casa,
Y no come el pan de balde.
Se levantan sus hijos y la llaman
bienaventurada;
Y su marido también la alaba:
Muchas mujeres hicieron el bien;
Mas tú sobrepasas a todas.
Engañosa es la gracia, y vana la
hermosura;
La mujer que teme a Jehová, esa
será alabada.
Dadle del fruto de sus manos,
Y alábenla en las puertas sus
hechos.

—Proverbios 31:10-31

CAPÍTULO 9

LA MUJER DE PROVERBIOS 31

Hay una popular serie de televisión llamada: *La esposa ejemplar*. La serie se centra en un personaje llamado Alicia Florrick, interpretado por Julianna Margulies. En la serie ella es la esposa de un político corrupto de Chicago. Ver un episodio es todo lo que se necesita para entender el nombre de la serie. Alicia Florrick apoya a su marido cuando lo arrestan y lo declaran culpable de corrupción, aunque a medida que disminuye su respeto por él, también lo hacen sus votos matrimoniales. No se puede evitar sentir pena por ella. Su matrimonio ficticio es la antítesis del que vemos en Proverbios 31, que se muestra en la vida de la esposa.

¿Quién es esta mujer, esta esposa, del final de Proverbios? He hablado con muchas mujeres a las que no les gusta esta mujer, porque es demasiado perfecta, y las personas perfectas son intimidantes. Tal vez seas de las que prefieren saltarse este último pasaje de Proverbios. Si es así, te alegrará saber que no era una persona real.

Proverbios 31:10-31 es un poema en forma de acróstico, lo que significa que cada estrofa comienza con una letra diferente del alfabeto, en este caso el alfabeto hebreo. (El Salmo 119, un poema sobre la Palabra de Dios, está estructurado de la misma manera). En términos poéticos, ella es la mujer ideal, y el objetivo del poema es mostrar a los hombres jóvenes lo que deben buscar en una esposa. Doug O'Donnell presenta el poema con una estructura denominada "de quiasmo":

A. El alto valor de una esposa ejemplar (v. 10)
  B. Los beneficios de su esposo (vv. 11-12)
    C. Su trabajo laborioso (vv. 13-19)
      D. Su bondad en lo que hace (v. 20)
        E. No tiene temor [del presente] (v. 21a)
          F. Hace su ropa y la de su familia (vv. 21b-22)
            G. El reconocido respeto de su esposo (v. 23)
          F'. Hace su propia ropa y la de su familia (vv. 24-25a)
        E'. No tiene temor [del futuro] (v. 25b)
      D'. Su bondad en lo que enseña (v. 26)
    C'. Su trabajo laborioso (v. 27)
  B'. Recibe el elogio de su esposo (e hijos) (vv. 28-29)
A′. El alto valor de una esposa ejemplar (vv. 30-31)

Y luego describe el poema de la siguiente manera:

> ¿Ves cómo el poeta toma varios temas similares y, partiendo de ambos extremos, confluye en el centro? Si empezamos desde afuera, los temas de la primera y la última línea son idénticos: el alto valor de una esposa ejemplar. Luego, a medida que nos continuamos moviendo de afuera hacia adentro, vemos cómo el tema de una sección anterior es paralelo al tema posterior. Este "acercamiento" al tema principal nos lleva al central: el punto poético y práctico del pasaje. ¿Cuál es el punto central de Proverbios 31:10-31? Es el versículo 23: "Su *marido* es conocido en las puertas, cuando *se* sienta con los ancianos de la tierra".
>
> Ahora bien, podrías pensar: ¿Su esposo? ¿Cómo es eso? ¿Cómo puede este poema hablar sobre "él"? ¡No tiene sentido! Tan solo mira el comienzo y el sujeto de casi todas las oraciones. Mira todos esos versículos donde 'ella' es el sujeto: vv. 12, 13, 14,

> 15, 16, 17, 18, 19, 20, 21, 22, 24, 25, 26, 27. ¡Este poema no es sobre el esposo, sino sobre la esposa! Y luego el versículo 23… bueno, tal vez es solo una especie de digresión poética, o tal vez este "marido" es solo un contraste. ¡Sí, eso es! Es un contraste de la mujer fuerte, eficaz y exitosa. Porque mientras "ella" corre de un lado a otro, ocupada en toda su labor, ¿qué está haciendo "él"? ¡Está sentado! Se sienta a la puerta de la ciudad. Mientras ella trabaja hasta el cansancio —en plantar, comprar, vender, tejer, sembrar—, él parece estar sentado sin hacer nada.
>
> Es natural pensar eso. Sin embargo, cualquiera que sea nuestra impresión inicial, debemos reconocer que el versículo 23 no se aparta del objetivo del autor. "Ella" puede ser el personaje principal, pero "él" es la audiencia del autor. Él es quien debe ver el sentido de este *punto central*: esta mujer, la que se describe en todos los versículos menos uno, es "el tipo de esposa que un hombre necesita para tener éxito en la vida". El versículo 23, que menciona el respeto que recibe su esposo por parte de los líderes más importantes de la ciudad —"los ancianos"— no es un error. En cambio, es la diana del objetivo de este poema, que apunta al corazón del público al que va dirigido, los hombres jóvenes. Este es un libro para varones; y un poema para varones.[1]

Un hombre que elige una esposa como la del poema ciertamente es sabio y, como resultado, su vida será bendecida. A lo largo del libro de Proverbios se insinúa con creces que el hombre puede elegir bien o mal a su esposa.

El mismo principio se aplica hoy día: la elección de una esposa por parte del hombre influirá en gran medida en el rumbo de su vida. Lo mismo nos pasa a las mujeres. Con quién nos casemos determinará en gran medida dónde y cómo viviremos nuestra vida. Entonces, en general, la necesidad de sabiduría cuando se trata de amor, romance y matrimonio es de vital importancia. No tiene que ver solo con

---

1. Douglas Sean O'Donnell, *The Beginning and End of Wisdom: Preaching Christ from the First and Last Chapters of Proverbs, Ecclesiastes, and Job* (Wheaton, IL: Crossway, 2011), 50-51.

nuestro bienestar personal, sino también con reflejar la bondad y la gloria de Dios en nuestra familia y en quienes nos rodean.

Dicho esto, el poema no es solo para quienes están considerando casarse o para quienes ya están casadas. Aunque ella es una esposa, básicamente es una mujer, y piadosa en su rol de esposa. Es un retrato de la sabiduría femenina. Entonces, mientras la estudiamos, podemos preguntarnos no solo si somos el tipo de mujer que un hombre debería elegir como esposa; sino también, y más importante, si nuestros corazones y nuestras vidas reflejan su sabiduría, sin importar si somos casadas, solteras, divorciadas o viudas.

Si bien se presenta como la mujer ideal, no la encontraremos intimidante a la hora de tratar de reflejarla en nuestra vida. El camino equivocado es tomar Proverbios 31:10-31 como una fórmula para estructurar nuestra vida diaria. Un simple vistazo de los detalles del poema muestra que es físicamente imposible, e incluso la estrofa inicial del poema deja en claro que sus normas no son fáciles de cumplir:

> Mujer virtuosa, ¿quién la hallará?
> Porque su estima sobrepasa largamente a la de las piedras
> preciosas (Pr. 31:10).

Por lo tanto, hacemos bien en ver el poema como un reto atractivo y no como una condena de lo que aún no hemos logrado. Lo que debemos extraer de ella es la actitud del corazón: ¿qué pasa con su corazón que le permite llevar esa vida? Su vida es una imagen de lo que sucede cuando se practica todo el resto de Proverbios. Esta mujer ejemplifica la sabiduría.

Una lectura completa del poema revela que esta mujer es parte de una familia rica. Cuando vemos eso, podríamos sentirnos tentadas a pensar que sería fácil ser como ella si tuviéramos mucho dinero para no tener que trabajar tan duro, si pudiéramos cruzarnos de brazos y aprender sobre la sabiduría; pero eso sería no comprender la idea central. El hecho de que el poema la represente como una mujer rica pretende ilustrar un punto clave de Proverbios: quienes viven con sabiduría generalmente prosperan. En otras palabras, la sabiduría es lo que lleva a la riqueza, no la riqueza a la sabiduría. La mujer de Proverbios es una ilustración de lo que sucede cuando la vida se vive como Dios la diseñó y como se revela a lo largo de todo el libro de Proverbios.

Con esa introducción en mente, veamos de qué formas particulares esta mujer retrata la sabiduría.

Como esposa

El poema en su totalidad nos muestra que ella vive sabiamente en su llamado marital, pero solo hay unos pocos versículos que abordan específicamente su relación real con su marido. Uno de esos versículos dice lo siguiente:

> El corazón de su marido está en ella confiado,
> Y no carecerá de ganancias (Pr. 31:11).

Es de confianza. La mejor manera de que una mujer sea sabia en su matrimonio es ser alguien en quien los demás, especialmente su marido, puedan confiar plenamente. Su esposo puede salir y cumplir con sus obligaciones, sabiendo que los asuntos de su hogar están seguros en manos de su esposa. Los esfuerzos de la mujer darán apoyo a los del esposo.

¿Tu marido confía en ti? ¿Qué nivel de confianza tiene cuando se trata de las finanzas de la familia? ¿Confía en ti en tu interacción con tus compañeros de trabajo? ¿Confía en ti en que mantendrás sus confidencias, las cosas que te cuenta, en secreto? ¿Se siente seguro contigo porque lo fortaleces constantemente en su fe y en sus esfuerzos como líder de la familia? ¿Qué hay de la forma en que tratas con sus fallas?

A veces podemos estar tan absortas en ver si nuestro esposo está satisfaciendo nuestras necesidades y si es el tipo de hombre que pensamos que debería ser, que dejamos de ayudarlo a hacer y ser realmente todo lo que *Dios* lo ha llamado a ser. Buscamos perfilar nuestra vida, y la vida de nuestro esposo, según nuestras expectativas y no según la Palabra de Dios. Una esposa digna de confianza es aquella que se preocupa más por hacerle bien a su esposo que por cuánto bien le hace él a ella.

Las mujeres solteras hacen lo mismo a la hora de considerar posibles maridos. He escuchado a muchas mujeres solteras quejarse: "¡Todos los hombres buenos están ocupados!". Sin embargo, tal vez no han considerado el hecho de que el matrimonio en la voluntad de Dios es un gran componente que transforma a un hombre en uno de esos "buenos" hombres. Si descartamos posibles parejas porque no ganan mucho dinero, o porque no tienen al menos un mínimo de parecido físico con George Clooney, o porque no pueden conjugar un verbo griego, haríamos bien en examinar, en primer lugar, por qué queremos una pareja. ¿Buscamos satisfacer nuestras necesidades o buscamos a alguien en quien volcar nuestro amor?

Si hemos encontrado frustrante nuestro camino hacia el amor verdadero, ya sea en el matrimonio o antes de este, haríamos bien en detenernos y considerar si nuestras expectativas personales son un factor contribuyente. Dios promete bendecir, pero en ninguna parte promete hacerlo en nuestros términos. Un buen primer paso para reorientar nuestras prioridades conyugales es dejar de lado nuestras expectativas. Si el hombre de nuestra vida no está a la altura de nuestra larga lista de cualidades de buen hombre, todo lo que importa es si está buscando ser el tipo de hombre que Pablo describe en Efesios: "Maridos, amad a vuestras mujeres, así como Cristo amó a la iglesia, y se entregó a sí mismo por ella, para santificarla, habiéndola purificado en el lavamiento del agua por la palabra, a fin de presentársela a sí mismo, una iglesia gloriosa, que no tuviese mancha ni arruga ni cosa semejante, sino que fuese santa y sin mancha. Así también los maridos deben amar a sus mujeres como a sus mismos cuerpos. El que ama a su mujer, a sí mismo se ama" (Ef. 5:25-28).

Las cualidades que encontramos allí son lo que importa. Las mujeres solteras son sabias al tachar "que tenga ojos azules" y "que le gusten los gatos" de su lista de cualidades imprescindibles, y reemplazarlas con cualidades como "que demuestre amor sacrificial" y "que busque la santidad familiar". Sin embargo, las mujeres sabias, sean casadas o solteras, deben aceptar el hecho de que nunca tendrán un hombre completamente igual al que se describe en Efesios 5. El esposo que se muestra allí es el ideal, tal como lo es la mujer de Proverbios 31. Si un hombre busca una esposa perfectamente igual a la de Proverbios 31, es muy probable que nunca se case. De la misma manera, si descartamos a cualquier hombre que no refleje al de Efesios 5 de manera invariable e impecable, nos quedaremos solteras. Después de todo, ¿de qué sirve ser de ayuda, como Dios ha diseñado que seamos, si nos casamos con alguien que no necesita ayuda?

Una mujer que es sabia en su matrimonio es digna de confianza porque no busca complacer sus expectativas egoístas. No ve el matrimonio como un vehículo egoísta para la realización personal, y de esa manera...

> Le da ella bien y no mal
> Todos los días de su vida (Pr. 31:12).

Como administradora del hogar

Otro detalle que hace sabia a esta mujer es cómo maneja su vida doméstica. Hace varios años, leí un artículo donde la autora decía que todas las mujeres estamos llamadas a ser amas de casa. Se me erizaron los pelos de inmediato. ¿Dónde deja eso a las mujeres solteras?, me pregunté. Por mucho que queramos, si renunciamos a nuestro trabajo y nos quedamos en casa, ¿cómo se pagarán las facturas? Estuve pensando en ese artículo durante días. Solo más adelante llegué a comprender lo que quería decir la autora, y que tenía razón. No estaba señalando tanto las tareas domésticas como un *trabajo*, sino como un *estilo de vida*.

Primero, ya sea solteras o casadas, todas vivimos en algún lugar. Algunas mujeres viven solas; otras viven con familiares o compañeras de cuarto. Otras residen en grandes propiedades y aun otras en apartamentos tipo estudio. De un modo o de otro, dondequiera que vivamos, es un hogar. A esto se suma el hecho de que Dios nos diseñó para cuidar de otros, y el hogar es un lugar natural para vivir esto, ya sea que dediquemos nuestro instinto de cuidar de quienes viven dentro de nuestras cuatro paredes o de los que nos rodean. Y algunas de nosotras tenemos mascotas que cuidar. Todavía tengo que conocer a una mujer, incluso entre aquellas que profesan "mi carrera es mi vida", que no practiquen el arte de la vida doméstica.

Ejercemos nuestro instinto de cuidar de otros cada vez que colgamos un cuadro, elegimos un sofá nuevo, horneamos un pastel o sembramos una huerta. Lo hacemos cuando colocamos un tapete de bienvenida afuera de la puerta de entrada, y lo hacemos cuando invertimos dinero para mantener los electrodomésticos en buen estado. Las mujeres en particular tienden más naturalmente a ocuparse de estos detalles. Nos guste o no, es la forma en que Dios nos ha diseñado. A mí personalmente, me gusta. Encuentro que hay algo profundamente gratificante en organizar y mantener un hogar cálido y confortable e invitar a otros a compartirlo.

Para las esposas y madres, el cuidado del hogar incluye no solo el mantenimiento de la casa, sino también la supervisión del bienestar de todos sus ocupantes. Ese es el caso de la mujer de Proverbios 31, y para ella era un trabajo de tiempo completo con muchas horas extras.

> Busca lana y lino,
> Y con voluntad trabaja con sus manos.
> Es como nave de mercader;
> Trae su pan de lejos (Pr. 31:13-14).
>
> Se levanta aun de noche
> Y da comida a su familia
> Y ración a sus criadas.
> Considera la heredad, y la compra,
> Y planta viña del fruto de sus manos.
> Ciñe de fuerza sus lomos,
> Y esfuerza sus brazos.
> Ve que van bien sus negocios;
> Su lámpara no se apaga de noche (Pr. 31:15-18).

> Aplica su mano al huso,
> Y sus manos a la rueca (Pr. 31:19).
>
> Considera los caminos de su casa,
> Y no come el pan de balde (Pr. 31:27).

Está ocupada mañana, tarde y noche. Este es un buen momento para recordar que no estamos destinadas a vivir este poema en nuestra vida de manera literal. El hecho de que se levante antes del amanecer y trabaje hasta altas horas de la noche no significa que debamos hacer lo mismo para ser amas de casa piadosas. Son los principios los que debemos buscar y llevar a la práctica, y uno de esos principios es el uso inteligente del tiempo.

Redime el tiempo

La manera en que *usamos* nuestro tiempo siempre estará determinada por la forma en que lo *vemos*. ¿Lo vemos como una dádiva o como un derecho? Aquellas que ven el tiempo como una dádiva pueden hacer eco del salmista cuando dijo: "Enséñanos de tal modo a contar nuestros días, que traigamos al corazón sabiduría" (Sal. 90:12). Se dan cuenta de que su tiempo es realmente un bien que Dios les ha dado y que deben invertirlo para la gloria de Él. Son conscientes de que una hora que ya pasó no se puede volver a vivir.

Por el contrario, aquellas que ven el tiempo como un derecho tienden a acumular sus horas para el placer egoísta y, a menudo, les molesta tener que invertir energía en servir a los demás, incluido Dios. Lloré de remordimiento hace algún tiempo cuando me di cuenta de cuán culpable soy de acaparar tiempo. Había estado viviendo una temporada de conferencias excepcionalmente ocupada, y además de eso se avecinaba la fecha límite para terminar el libro. También tenía responsabilidades crecientes en mi lugar de trabajo de tiempo completo. Me sentía completamente abrumada; pero en lugar de acudir a Cristo y descansar en la fuerza que Él tan voluntariamente me da, comencé a quejarme. Las quejas me llevaron a donde siempre llevan: directamente contra una pared de ladrillos. Me había paralizado por el volumen de proyectos que tenía que comenzar y me sentí incapaz de avanzar con ninguno de ellos. Un día llegué a casa, me tiré en la cama y clamé a Dios: "¡Ya no puedo con esto, Señor!". En los próximos días, respondió a mi clamor con la convicción de que mi problema tenía más que ver con mi actitud que con mi carga de trabajo. No era su poder lo que realmente quería. Era tiempo libre. En mi deseo de disponer de más horas de relajación y comodidades personales, había dejado de ver que el trabajo que tenía que cumplir era una dádiva, como lo es todo el trabajo del reino. Al escribir libros y dar conferencias, no le estoy haciendo ningún favor a Dios; sino que Él me está bendiciendo con el privilegio de poder hacerlo. Cuando vi lo que se había forjado en mi corazón debido a mi espíritu posesivo con el tiempo, se me caían las lágrimas por haber sido tan egoísta con el Señor, que ha hecho tanto por mí, y me sentí capaz de enfrentar la carga de nuevo.

El principio que se presenta aquí en Proverbios no es que debemos llenar nuestro tiempo libre con trabajo y que divertirse es un pecado. Al contrario, Dios se deleita en que disfrutemos de los placeres de la vida. El principio tiene mucho que ver con nuestra perspectiva: ¿tenemos un propósito con nuestro tiempo en todo lo que hacemos, ya sea en el trabajo o el entretenimiento? ¿Trabajamos duro en nuestro trabajo y pensamos en nuestro entretenimiento? El apóstol Pablo escribió: "Mirad, pues, con diligencia cómo andéis, no como necios sino como sabios, *aprovechando bien el tiempo*, porque los días son malos" (Ef. 5:15-16); y, "andad sabiamente para con los de afuera, redimiendo el tiempo" (Col. 4:5). La mujer de Proverbios 31 aprovecha al máximo su tiempo, y es así como lo redime.

Redimir el tiempo no significa necesariamente cumplir con todas las tareas pendientes de nuestra lista de tareas a realizar. Podría significar hacer una lista de tareas más breve para poder cumplir mejor con las tareas restantes. Redimir el tiempo definitivamente implica pensar en nuestras opciones de entretenimiento. Si nos espera una noche de relajación en el sofá, redimir el tiempo significa pensar en ver televisión en lugar de hacer clic en los canales con la mente neutral. John Piper escribe:

> La televisión sigue reinando como el gran derrochador de vidas. El principal problema con la televisión no es la cantidad de obscenidades disponibles, aunque ese es un problema, sino que solo los anuncios son suficientes para sembrar semillas fértiles de codicia y lujuria, sin importar qué programa estés viendo. El mayor problema es la banalidad. Una mente alimentada a diario con la televisión se hace cada vez más pequeña. Tu mente fue hecha para conocer y amar a Dios. Su capacidad para este gran llamamiento se ve limitada por el exceso de TV. El contenido es tan trivial y superficial que la capacidad de la mente para tener pensamientos dignos se marchita, y la capacidad del corazón para sentir emociones profundas disminuye.[2]

No queremos quedarnos con la idea de que el ocio no es más que trabajo disfrazado. Tanto el trabajo como el verdadero ocio tienen un propósito que Dios ha ordenado en nuestras vidas. Eclesiastés 3:1-10 indica que cada tiempo y cada estación tiene un propósito, y en ese pasaje encontramos tanto trabajo como actividades de ocio. Eso es algo más que podemos señalar como prueba de que la mujer de Proverbios 31 no era una persona real: ¡su vida era todo trabajo y nada de diversión! Sin embargo, aprendemos de ella que ser una sabia administradora del hogar implica hacer un buen uso del tiempo.

Cuida de los demás

Como sabia administradora del hogar, la mujer de Proverbios 31 se dedica al bienestar de los demás.

> Se levanta aun de noche
> Y da comida a su familia
> Y ración a sus criadas (Pr. 31:15).
>
> Alarga su mano al pobre,
> Y extiende sus manos al menesteroso (Pr. 31:20).

---

2. John Piper, *Don't Waste Your Life* (Wheaton, IL: Crossway, 2007), 120. Publicado en español por Portavoz con el título: *No desperdicies tu vida*.

> Abre su boca con sabiduría,
> Y la ley de clemencia está en su lengua (Pr. 31:26).
>
> Considera los caminos de su casa… (Pr. 31:27).

La forma en que considera los caminos de su casa incluye no solo lo que hace, sino también lo que dice. Cuidar de los demás tiene que ver tanto con nuestras palabras como con ofrecer una comida caliente y ropa limpia. La sabiduría de su corazón fluye hacia su lengua. Y presenta un marcado contraste con este tipo de esposa:

> Mejor es vivir en un rincón del terrado
> Que con mujer rencillosa en casa espaciosa (Pr. 21:9; 25:24; cp. 19:13).

Si hay un solo versículo en el poema que hace que las mujeres se sientan culpables, probablemente sea Proverbios 31:26 (NBLA): "Abre su boca con sabiduría, y hay enseñanza de bondad en su lengua". Lo leemos, y lo que nos viene a la mente es la última vez que gritamos como un alma en pena por los zapatos embarrados sobre el piso limpio, o cuando solo le dijimos a una amiga desconcertada "no te hagas problemas", porque teníamos prisa por colgar el teléfono.

Me parece interesante que el poeta lo exprese de esta manera: "enseñanza de bondad". Esto debe significar más que decir cosas buenas. Podría significar que enseña *con* bondad, pero también podría significar que enseña *sobre* la bondad. Ambas cosas son sabias. Puede que tengamos un largo camino por recorrer, pero tenemos la capacidad de emularla en este sentido si estamos en Cristo, porque la bondad es un aspecto del fruto del Espíritu (Gá. 5:23). Como vimos en el capítulo 2, llegar a ser una mujer sabia a la hora de hablar tiene que ver con dónde está nuestro corazón. Y como dijo Jesús: "De la abundancia del corazón habla la boca" (Mt. 12:34).

La mujer en Proverbios 31 ilustra el instinto de cuidar de los demás. No importa qué tarea esté realizando, su objetivo principal es cuidar de los demás. Da comida a los de su casa, incluidas las criadas (v. 15);

extiende su mano a los pobres y necesitados (v. 20); y vela por los caminos de su casa (v. 27). En nuestros días, velar por nuestro hogar incluye ser diligentemente conscientes de lo que hacen nuestros hijos, no solo cuando salen, sino también cuando están en casa. ¿Eres tan experta en tecnología como lo son tus hijos adolescentes? Hay formas de evadir el software de control parental. ¿Y conoces la identidad de cada uno de los amigos de Facebook de tus hijos (o cualquiera que sea el sitio de red social más reciente cuando leas esto)? La tecnología cambia a la velocidad del rayo, pero mantenerse al día hoy es parte de lo que implica velar por los caminos de nuestro hogar.

Cuando Jesús envió a los doce apóstoles, advirtió: "He aquí, yo os envío como a ovejas en medio de lobos; sed, pues, prudentes como serpientes, y sencillos como palomas" (Mt. 10:16). Sus palabras no solo eran para los apóstoles; sino para todos los creyentes. La serpiente en el huerto del Edén era bastante astuta, aunque de manera maligna. De cualquier forma, era astuta con las personas y su entorno. La conclusión aquí es que las mujeres sabias debemos ser inocentes al pecado, pero no ingenuas, y quizás en ningún aspecto más que cuando se trata de nuestros hijos.

Una amiga mía, Ruby, encontró recientemente un paquete de cigarrillos en el bolso de su hija adolescente, Justine. Cuando la confrontó, Justine negó ser la dueña de los cigarrillos y afirmó que solo se los estaba guardando a una amiga. Debido al gran amor de Ruby por Justine, fue fácil seguir las palabras de Pablo sobre el amor en lo que respecta a su hija: "El amor… todo lo sufre, *todo lo cree*, todo lo espera, todo lo soporta" (1 Co. 13:7). Ruby decidió creerle a su hija, pero yo soy escéptica. Me parece recordar haberle contado la misma historia a mi madre cuando era adolescente. Tal vez Justine dijo la verdad, pero nuestro deseo de creer lo mejor de aquellos a quienes amamos no debería desalentar una sana sospecha y un poco de investigación más profunda. Espero que mi escepticismo esté mal fundado. Espero que Justine no esté mintiendo. Y espero que a Ruby no se le rompa el corazón.

Velar por los caminos de nuestra casa siempre implicará trabajo, palabras y nuestro corazón.

Como empresaria

Depende de tu edad, es posible que recuerdes un comercial de televisión donde aparecía una mujer atractiva que se pavoneaba por la cocina mientras cantaba: "Puedo llevar a casa el tocino, freírlo en una sartén, pero nunca olvides que eres un hombre". Me parece recordar que era un comercial de perfume (¡Imagínate!). En cierto sentido, la mujer del comercial describe algo sobre la mujer de Proverbios 31: se ocupa de las tareas domésticas mientras trabaja simultáneamente fuera del hogar.

> Considera la heredad, y la compra,
> Y planta viña del fruto de sus manos (Pr. 31:16).

> Hace telas, y vende,
> Y da cintas al mercader (Pr. 31:24).

Esta mujer, caracterizada por la sabiduría, tenía el conocimiento comercial para comprar un campo.

Los cristianos suelen inclinarse fuertemente por un lado o por el otro con respecto a si es bíblico que las esposas, especialmente las madres, trabajen fuera del hogar. Vemos en Proverbios que, de hecho, es bíblico siempre y cuando se aplique dentro del marco de todo el resto de lo que enseñan las Escrituras acerca de las esposas y las madres.

En el antiguo Israel, las mujeres se ofrecían como criadas o incluso como esclavas, aunque no era algo común, no era inaudito. A lo largo de la mayor parte de la historia, las mujeres han trabajado fuera del hogar para ayudar, sobre todo en tiempos de extrema necesidad. Dicho esto, debemos equilibrar este hecho con lo que Pablo escribió a Tito: "Las ancianas asimismo sean reverentes en su porte; no calumniadoras, no esclavas del vino, maestras del bien; que enseñen a las mujeres jóvenes a amar a sus maridos y a sus hijos, a ser prudentes, castas, cuidadosas de su casa, buenas, sujetas a sus maridos, para que la palabra de Dios no sea blasfemada" (Tit. 2:3-5). Pablo exhorta a las mujeres mayores a capacitar a las más jóvenes a concentrar su energía en las responsabilidades domésticas.

Al considerar lo que sabemos sobre las mujeres trabajadoras del antiguo Israel y lo que vemos en la mujer de Proverbios 31, junto con las palabras de Pablo a Tito, obtenemos una imagen bíblica para reflejar en nuestra propia vida. Si nuestro esposo nos mantiene financieramente mientras criamos a nuestros hijos, pero estamos considerando ir a trabajar fuera del hogar, las palabras de Pablo pueden servir como una alarma para examinar nuestros motivos. Si deseamos ir a trabajar, hacemos bien en hacernos estas preguntas: (1) ¿Estoy buscando el bien de los demás? (2) ¿Dios será glorificado más por lo que se puede ver en mi familia? (3) ¿Mi trabajo beneficiará a toda mi familia o solo a mí? Permite que estas preguntas guíen tu decisión para determinar si es prudente ir a trabajar.

Esas pueden ser preguntas difíciles para muchas de nosotras. Primero, es muy fácil en nuestra sociedad confundir la necesidad financiera con los antojos financieros. En otro pasaje, Pablo escribió: "Pero gran ganancia es la piedad acompañada de contentamiento; porque nada hemos traído a este mundo, y sin duda nada podremos sacar. Así que, teniendo sustento y abrigo, estemos contentos con esto" (1 Ti. 6:6-8). Pablo no estaba diciendo que debemos arreglárnosla sin ese segundo auto o esa universidad costosa; sino que debemos contentarnos con las cosas básicas. En otras palabras, si estamos considerando volver a trabajar para poder financiar un poco de diversión familiar en Europa este verano o un televisor de pantalla plana, tal vez debamos reevaluar nuestra decisión y darnos cuenta de que nuestros hijos estarían mejor si nos encontraran en casa después de la escuela, más que con algunos artículos adicionales en el baúl de juguetes de la familia.

Segundo, esas preguntas pueden ser engañosas debido a las presiones externas que enfrentamos. La sociedad proclama que las mujeres son fracasadas si no maximizan su potencial o se sacrifican en beneficio de sus familias. Con ese fin, asegurémonos de observar el contexto en que la mujer de Proverbios 31 ejercía sus habilidades comerciales. Las usaba para el bien de los demás, especialmente para el bien de su familia. En ninguna parte de este pasaje de Proverbios encontramos algo acerca de que ella fuera a trabajar con el propósito de hacer algo que la "enriqueciera", que desarrollara su potencial o donde encontrara su realización personal.

Del poema aprendemos que ejercer nuestras habilidades comerciales mientras cumplimos nuestro llamado único a cuidar de nuestra familia desde luego puede ir de la mano. Todo depende de nuestros motivos para emplear nuestras habilidades y cómo y dónde elegimos emplearlas.

¿Qué pasa con las mujeres solteras, que, en virtud de su soltería, deben ganarse la vida fuera del hogar? Los principios de Proverbios 31 son válidos también para ellas, porque lo que debemos deducir de los versículos 16 y 24 no se trata tanto de trabajar para ganarse la vida, sino de maximizar nuestros dones, sin importar nuestro llamado. Hace algún tiempo, una joven soltera escribió a un blog cristiano y preguntó si debería abandonar la facultad de medicina. Puesto que esperaba conocer a un hombre cristiano piadoso y casarse algún día, se preguntaba si obtener un título en medicina sería perjudicial para sus esperanzas matrimoniales. La bloguera aconsejó a la joven a que abandonara el programa de estudios, y citó como razón el hecho de que el estudio era una pérdida de tiempo y dinero, ya que la estudiante esperaba ser una esposa y madre ama de casa. Esta respuesta, creo, carecía de sabiduría.

En primer lugar, la joven esperaba casarse, pero al momento de su pregunta no tenía a ningún pretendiente. Dado que no conoce el futuro, si se casará o cuándo lo hará, obtener una educación médica, si tiene la aptitud y la inclinación para hacerlo, parece una buena manera de prepararse para mantenerse a sí misma si no se casa o si llegara a quedarse sola más adelante en la vida. En segundo lugar, si se casa y, al final, no puede practicar la medicina como carrera, desde luego podrá ofrecer sus habilidades y conocimientos médicos al servicio de su familia, su iglesia y su comunidad. En tercer lugar, desarrollar los dones y talentos que Dios le ha dado es ejercer una buena mayordomía de cómo Dios la ha diseñado, lo que traerá gloria a Dios ya sea que esos dones terminen por generar ingresos o no.

Si eres soltera y debes ganarte la vida o, al menos, debes prepararte para hacerlo, es aconsejable hacer un balance de tus cualidades personales y cultivarlas. No honra a Dios enterrarlas por algún posible sueño futuro que puede o no hacerse realidad. Algunas mujeres no se embarcan en ningún tipo de capacitación mental o educativa mientras esperan al hombre perfecto. En algunos casos, esto es tener una visión distorsionada de los "roles complementarios". En otros casos, por involuntario que sea, se trata a veces de una especie de chantaje espiritual: "Dios *tendrá* que darme un marido si no me dedico a otra cosa que a prepararme para ser esposa y solo para eso".

Lidia, del libro de los Hechos, era una mujer de negocios exitosa y, por lo que sabemos, una mujer soltera, y su éxito no comprometía su feminidad ni su piedad. Tal vez tuvo un marido en algún momento o quizás uno llegó a su vida más adelante. No lo sabemos. Lo que sí sabemos es que ella dirigía una exitosa empresa que le permitió utilizar sus bienes para el beneficio de la incipiente iglesia en Filipos. Está claro en Hechos 16 que ella tenía el tipo de hogar donde podía hospedar a los apóstoles y suplir algunas de sus necesidades.

Tiene conocimiento financiero

Quizás ir a trabajar no sea un problema para ti. Aun así, hay que hacer una aplicación práctica del conocimiento de la mujer de Proverbios 31 para los negocios. Se la retrata como una mujer que está al tanto de la situación financiera de la familia. ¿Podemos decir lo mismo? Lo hemos abordado en el capítulo 7, por lo que no ahondaremos mucho aquí, excepto considerar una vez más, ¿sabemos qué hay en la cuenta de ahorros y fondos de retiro? ¿Están las facturas al día? Aunque no administremos el dinero, mantener el control de los detalles es una buena idea.

Mientras escribo, me viene a la mente una mujer que conozco, Rachel. Su esposo murió en un accidente el año pasado, y su dolor por la repentina pérdida se vio agravado por el estrés experimentado en los meses siguientes cuando se acumularon las notificaciones de cuentas morosas. Debido a que su esposo siempre había administrado el dinero, no tenía idea de qué se debía a quién y cuándo se debía. Desentrañar la maraña de facturas y aprender sobre las primas de seguros y el pago de impuestos abrumó a Rachel, y hoy recuerda ese asunto como uno de los aspectos más difíciles de la tragedia. ¿Sabes cuál es la situación financiera de tu familia?

Las mujeres sabias también son conscientes del presupuesto. En otras palabras, viven dentro de sus posibilidades económicas. Algo que podemos notar sobre la mujer de Proverbios es que ser sabia con el dinero no se trata solo de frugalidad.

> No tiene temor de la nieve por los de su casa,
> Porque todos los de su casa llevan ropa escarlata.
> Se hace mantos para sí;
> Su ropa es de lino fino y de púrpura (Pr. 31:21-22, NBLA).

El lino fino, la púrpura y el escarlata no eran opciones de tela baratas. Aprendemos de ella que ser consciente del presupuesto significa saber cuándo ahorrar un dólar y cuándo un poco de despilfarro es una buena opción. A veces, cuando consideramos las grandes necesidades del mundo, nos sentimos culpables por gastar dinero en cosas finas, pero vemos algo diferente aquí en Proverbios 31. En circunstancias normales, tener cosas finas es uno de los beneficios otorgados por Dios para una vida sabia. Eso es lo que debemos ver en este poema, así como en todo el libro de Proverbios. Sin embargo, si lees el poema, verás que esta mujer no logró tener cosas finas a expensas de otras prioridades. Podía dar a los pobres *y* mantener a toda su casa.

Entonces, ya sea en el hogar o fuera de él, soltera o casada, hay sabiduría en tener conocimiento financiero.

Como una mujer fuerte

Hace algunos meses, una popular revista femenina publicó la foto de una mujer bien vestida y perfectamente peinada, que posaba como una fisicoculturista y exhibía sus músculos. La leyenda debajo decía: "Las mujeres pueden ser fuertes, inteligentes, sexys, madres *y* poderosas. No tenemos que conformarnos con menos". Ese no es el tipo de fuerza que vemos en la mujer de Proverbios 31. Si bien exuda fuerza, la suya es completamente distinta.

Ciñe de fuerza sus lomos,
Y esfuerza sus brazos (Pr. 31:17).

Sin embargo, se mantiene en buena forma física, como vemos en el versículo 17. Hay sabiduría en mantener la buena forma física, no la que dicta la moda que nos hace sentir atrasadas si no participamos activamente en la clase local de pilates o zumba; sino la que simplemente nos mantiene saludables. Muchas de nosotras hemos creído el mito de que debemos hacer ejercicio tres veces por semana para obtener algún beneficio, así que como no tenemos ese tiempo para dedicar al ejercicio, terminamos sin hacer nada. Por alguna razón, cuando se trata de hacer ejercicio, muchas de nosotras tenemos esa perspectiva de todo o nada. Sin embargo, una amiga mía mantiene sus tríceps tonificados levantando latas de sopa, y otra lo ha hecho dejando a un lado el trapeador y fregando sus pisos con las manos y rodillas. Si nos intimidan las tácticas modernas de mantenernos en forma, existen maneras creativas de incluirlo en nuestra rutina diaria.

Además de fortalecer sus brazos, la mujer de Proverbios 31 se "ciñe de fuerza". En otras palabras, se viste de fuerza. La redacción aquí parece indicar algo más que proeza física, y cuando observamos su vida, vemos que ella también está vestida de fuerza mental y espiritual, algo que hace al guardar su corazón en el temor del Señor. El apóstol Pablo expresa el versículo 17 de otra manera: "Porque el ejercicio corporal para poco es provechoso, pero la piedad para todo aprovecha, pues tiene promesa de esta vida presente, y de la venidera" (1 Ti. 4:8).

Como una mujer físicamente atractiva

A pesar de estar muy ocupada, encuentra tiempo para verse bien.

Ella se hace tapices;
De lino fino y púrpura es su vestido (Pr. 31:22).

Aunque esta es la única mención de su apariencia externa en todo el poema, incluso mencionar este aspecto de su persona puede hacernos alejar por completo de ella. Después de todo, ¿quién tiene tiempo para dedicar a su apariencia externa mientras se encuentra atrapada en las laboriosas tareas de criar hijos, administrar el hogar o la carrera profesional y servir en la iglesia? Algo hay que resignar, y parece que, de todas las prioridades en competencia, esta es la única posible. Y para algunas mujeres, la apariencia personal siempre ha sido un asunto doloroso. Sin embargo, puede parecer mucho menos intimidante si lo consideramos desde la perspectiva del amor y no de seguir la corriente del mundo.

Verse bien según los estándares mundanos tiene más que ver con el orgullo que con el amor. ¿Qué más que orgullo puede ser cuando el objetivo es lucir tan bien o mejor que nuestras conocidas o colegas? Seguramente, eso no era lo que el poeta tenía en mente cuando describió el atuendo de la mujer de Proverbios 31. Las telas que ella viste (lino fino y púrpura), por lo general, las usaban solo las personas prósperas, por lo que podemos suponer que el poeta incluyó estos detalles para mostrar el vínculo entre la sabiduría y la prosperidad. Este punto se ve reforzado por el hecho de que toda su familia está vestida con "ropa escarlata" (v. 21, NBLA).

Si consideramos en qué otro pasaje de la Biblia vemos telas escarlata y púrpura, nos preguntamos si el simbolismo del poeta es aún más profundo. Ciertos elementos del tabernáculo y el templo del Antiguo Testamento estaban hechos de hilos escarlata y púrpura, al igual que el efod de lino y el pectoral que usaba el sacerdote (Éx. 26; 28; 35). Además, había piedras preciosas en el pectoral, y también encontramos piedras preciosas en el poema de Proverbios 31 (v. 10). El color púrpura está asociado con la realeza y el prestigio, como vemos en Ester 8:15. El púrpura también está relacionado con la riqueza, como vemos de forma positiva en el poema de Proverbios 31, y de forma negativa en la parábola del hombre rico y Lázaro en Lucas 16:19-31. A Jesús lo vistieron de púrpura a la fuerza para que la gente pudiera burlarse de su pretensión de realeza (Mr. 15:17, 20), aunque sabemos que en verdad era un rey: el Rey. Por otro lado, en Apocalipsis, el púrpura es una señal de las influencias inmorales del dinero (17:4; 18:6).[3] El color escarlata en las Escrituras tiene asociaciones tanto positivas como negativas, pero lo encontramos en varios pasajes que tienen que ver con la purificación (p. ej., Lv. 14:4; He. 9:19-20).[4]

Desde luego que no queremos encontrar en el poema un significado que no esté allí, pero al menos podemos inferir que los colores que encontramos en la mujer de Proverbios 31 y en su hogar están destinados a ser un símbolo de la nobleza de la sabiduría.

En términos de consideraciones prácticas, podemos señalar simplemente que la mujer de Proverbios reconoce que hay sabiduría en presentar una apariencia atractiva. Por un lado, su apariencia atractiva seguramente da una buena imagen a su esposo y, sin duda, le agrada. Y si recordamos el consejo dado a los esposos anteriormente en Proverbios, vemos que el esfuerzo de ella por verse bien ayudará a su esposo a seguirlo:

> Sea bendito tu manantial,
> Y alégrate con la mujer de tu juventud,
> Como cierva amada y graciosa gacela.
> Sus caricias te satisfagan en todo tiempo,
> Y en su amor recréate siempre.
> ¿Y por qué, hijo mío, andarás ciego con la mujer ajena,
> Y abrazarás el seno de la extraña? (Pr. 5:18-20).

De ella aprendemos que hacer un esfuerzo por lucir atractiva es una manera de amar a nuestro esposo. También es una manera de amar a Dios. No lo glorifican las mujeres que se abandonan físicamente. Dicho esto, no es una apariencia atractiva lo que da gloria a Dios, sino la cuidadosa mayordomía de su persona como lo indica su apariencia externa.

Rachel Held Evans escribe: "No he encontrado nada en la Biblia que sugiera que Dios requiere que las mujeres sean hermosas… Si

3. Para más información, ver http://www.biblebasics.co.uk/colours/col12.htm.
4. Ver http://www.biblebasics.co.uk/colours/col8.htm.

bien disfrutar del amor en la juventud ciertamente se celebra en la Biblia (Cnt., Pr. 5:15-19), no hay nada que sugiera que se espera que una mujer mantenga un cierto estándar de belleza en todas las fases de la vida para complacer adecuadamente a su esposo".[5] Evans tiene razón al menos en un aspecto: no hay nada en la Biblia que exhorte a la mujer a mantener su apariencia externa. Sin embargo, como aprendemos de la mujer de Proverbios 31, definitivamente hay sabiduría en hacerlo. Evans escribió su artículo para abordar los comentarios hechos por algunos líderes evangélicos destacados que instan a las mujeres a verse bien para que sus maridos no se descarríen. De hecho, es lamentable que los líderes culpen de la infidelidad de los maridos a las esposas que no mantienen su apariencia externa; la culpa por la infidelidad de un esposo nunca se puede adjudicar debidamente a la apariencia de la mujer. Sin embargo, una mujer ciertamente puede ayudar a su esposo a evitar la tentación si se esfuerza un poco en mantener su apariencia, y de esta manera, puede verse debidamente como un acto de amor, no de desesperación. Si alguna mujer tiene miedo de que su apariencia externa desaliente la fidelidad de su esposo hacia a ella, me parece que el problema tiene más que ver con la salud del matrimonio que con la apariencia de la mujer.

Verse bien es una forma de amar a nuestro esposo, pero hay una gran diferencia entre esforzarse y obsesionarse. No hay sabiduría en la preocupación por la apariencia externa, como lo deja claro el poema:

> Engañosa es la gracia, y vana la hermosura;
> La mujer que teme a Jehová, esa será alabada (Pr. 31:30).

El énfasis del versículo no es que la apariencia externa no cuente para nada; sino que cuando se la pesa en la balanza con la piedad y todos los demás aspectos de la sabiduría, cuenta muy poco. Al ver el versículo 30 a la luz de todo el poema, podemos determinar dónde colocar la apariencia física en nuestra lista de prioridades (abajo) y qué motivación debe regir esos esfuerzos (el amor). En

5. http://rachelheldevans.com/thou-shalt-not-let-thyself-go-mark-driscoll-haggard.

otras palabras, hacer un esfuerzo equilibrado con respecto a nuestra apariencia externa y, al mismo tiempo, reconocer su valor limitado es un aspecto de la sabiduría de la mujer. Vemos mujeres hermosas en la televisión o en la ciudad y notamos su belleza, pero las olvidamos tan pronto como pasan. Por el contrario, tendemos a recordar a las mujeres que hacen contribuciones sustanciales al mundo, sin importar su apariencia externa, y podemos notar que las mujeres más respetadas en el mundo no son las más hermosas.

Como una mujer llena de confianza

Si tuviéramos que elegir una frase corta para describir a la mujer de Proverbios 31, una buena elección sería *llena de confianza.*

> No tiene temor de la nieve por su familia,
> Porque toda su familia está vestida de ropas dobles (Pr. 31:21).
>
> Fuerza y honor son su vestidura;
> Y se ríe de lo por venir (Pr. 31:25).

Primero, está llena de confianza, porque su familia tiene todo lo que necesita (v. 21). No le preocupa tener suficientes recursos para alimentar y vestir a quienes viven en su casa. Podríamos apresurarnos a decir: "Bueno, sería fácil no tener temor si tuviera mucho dinero como ella", pero si pensamos en eso, no entenderemos el énfasis aquí, que muestra que, desde un principio, es la sabiduría la que condujo a la prosperidad financiera. Lo que vemos aquí es nuevamente un ejemplo del principio que se enseña a lo largo del libro de Proverbios: por lo general, una vida sabia conduce al tipo de bendiciones que nos evitan muchas de las cosas que a menudo nos preocupan.

Segundo, está llena de confianza, porque tiene una buena reputación. Es reconocida por su fuerza y honor (v. 25). Vemos a lo largo del poema que su reputación la bendice. Le ha abierto puertas para los negocios y para el ministerio, y le ha traído el elogio de su esposo y sus hijos:

Se levantan sus hijos y la llaman bienaventurada;
Y su marido también la alaba:
Muchas mujeres hicieron el bien;
Mas tú sobrepasas a todas (Pr. 31:28-29).

Lo mismo sucede en nuestras vidas. Nuestra reputación marca el rumbo de nuestra vida en los pequeños y grandes detalles. Nuestra reputación financiera, por ejemplo, se refleja en nuestro puntaje crediticio, y cuanto mejor sea nuestro puntaje crediticio, más opciones tendremos a la hora de realizar compras o inversiones. De la misma manera, nuestra reputación de confiabilidad determinará, en gran medida, el número y la calidad de nuestras relaciones. Nuestra reputación de ser diligentes nos abre puertas en la educación y los negocios. Una reputación de piedad atrae a los que buscan al Señor, ya sea para el ministerio, la amistad o el matrimonio. Una vida en el temor del Señor confiere una reputación de sabiduría y glorifica a Dios.

Tercero, está llena de confianza, porque no tiene miedo de lo que pueda deparar el futuro (v. 25). No se preocupa por una posible recesión en la economía, por si sus hijos tendrán éxito o por si se mantendrá saludable a medida que envejezca. Desde luego que no sabe lo que le depara el futuro, ninguna cantidad de sabiduría lo puede revelar a ella ni a nadie. La economía podría empeorar, sus hijos podrían elegir caminos imprudentes a pesar de la sabiduría impartida por sus padres y ella podría verse afectada por una enfermedad grave. Entonces, ¿cómo puede reírse de lo por venir? No tiene temor, porque confía en el Señor. Lo sabemos porque se la presenta como el ideal de la sabiduría en un libro que enseña que el principio de la sabiduría es el temor del Señor. Finalmente, su temor del Señor, no su prosperidad material, es la razón por la que está llena de confianza.

Entonces, al considerar nuestras batallas con la ansiedad desde la perspectiva de Proverbios, ¿es posible que nuestras batallas estén arraigadas al hecho de que, en cierta medida, o estamos eligiendo vivir de manera imprudente o bien no estamos confiando en Dios? En realidad, ambas cosas van de la mano. No vamos a elegir el camino de la sabiduría si no confiamos en Aquel que nos ha trazado ese camino. El temor del Señor es confianza en Él.

Principalmente, la mujer de Proverbios 31 está llena de confianza, porque teme al Señor. Esta es la base de todos sus sabios comportamientos. Es una buena esposa y madre, es trabajadora, tiene conocimiento financiero y bondad, habla con sabiduría y es caritativa, porque todo su ser está orientado hacia el temor del Señor. Este es el único camino para nosotras también. "El temor de Jehová es el principio de la sabiduría" (Pr. 9:10). Aun así, nunca llegaremos a lograrlo por nosotras mismas. No podemos tener temor del Señor ni crecer en sabiduría separadas de Cristo, nuestro Salvador. Elyse Fitzpatrick advierte:

> Las claras palabras de los proverbios son para nuestro bien, y creceremos en sabiduría si respondemos a ellos con fe y humildad. Solo que, si no vemos a Jesús allí también, pensaremos erróneamente que podremos lograr de manera automática algo que ni siquiera Salomón pudo lograr: criar hijos sabios. Además, como los proverbios son tan claros y parecen promesas, creeremos que practicarlos nos garantizará el éxito. Muchos de los llamados libros cristianos para padres desarrollan la sabiduría de Proverbios para la crianza de los hijos sin ningún reconocimiento de la presencia de Cristo.[6]

Por eso crecer en sabiduría significa mirar más a Cristo que a la mujer de Proverbios 31. No podemos ser como ella por nosotras mismas. Solo podemos hacerlo en dependencia de Cristo, porque Él es nuestra sabiduría. Elyse indica maravillosamente cómo es esto, de la siguiente manera:

> Si leemos los proverbios bajo la creencia de que toda la Biblia "susurra su nombre"; si los leemos con los ojos abiertos buscando

---

6. Elyse Fitzpatrick y Jessica Thompson, *Give them Grace: Dazzling your Kids with the Love of Jesus* (Wheaton, IL: Crossway, 2011), 99-100.

a nuestro Salvador, lo identificaremos fácilmente allí como el Hijo Sabio. Sí, los proverbios nos muestran cómo vivir una vida piadosa, pero también nos hablan de Él. Por ejemplo, el mandamiento: "Hijo mío, si los pecadores te quisieren engañar, no consientas", se cumplió sobremanera en la resistencia de Jesús a las tentaciones de Satanás en el desierto. Jesús es el Hijo Sabio que siempre hizo lo que agradó a su Padre (Is. 52:13; Jn. 8:29). Y aunque la Biblia casi no dice nada sobre la infancia de Jesús, sí tenemos esta descripción: "Y Jesús crecía en sabiduría y en estatura, y en gracia para con Dios y los hombres" (Lc. 2:52). Fue completamente obediente porque era completamente sabio, y fue amado por su Padre y sus padres. Jesús incluso se refiere a sí mismo como la personificación de la sabiduría (Mt. 11:19), mientras que Pablo nos asegura que en Él están escondidos *todos* los tesoros de la sabiduría y el conocimiento (Col. 2:3). Jesús es la conclusión del Hijo Sabio de Proverbios.[7]

Sus recompensas

¿Qué recibe la mujer de Proverbios 31 como resultado de su sabiduría? Terminaremos nuestro estudio con una lista de diez recompensas:

1) Es valorada (v. 10)
2) Tiene un matrimonio sólido (vv. 11, 12, 28)
3) Vive sin temor (vv. 21, 25)
4) Vive materialmente cómoda (vv. 21, 22)
5) Tiene un éxito tangible (vv. 16, 18, 24)
6) No se cansa fácilmente (vv. 15, 17, 18, 27)
7) Tiene una buena reputación (vv. 25, 29)
8) Su familia la alaba (vv. 28-29)
9) Su corazón rebosa de muestras de amor (vv. 20, 26)
10) Conoce al Señor (v. 30)

Es la imagen de una vida sabia, pero no principalmente de cómo ser mejor ama de casa o mujer de negocios. La imagen que ofrece es de

7. Ibíd., 99.

cuán plena y gratificante puede ser la vida de una mujer que teme al Señor.

> Dadle del fruto de sus manos,
> Y alábenla en las puertas sus hechos (Pr. 31:31).

GUÍA DE ESTUDIO

Capítulo 9: La mujer de Proverbios 31

1. ¿Cómo funciona la mujer de Proverbios 31 en el libro de Proverbios? En otras palabras, ¿cómo debemos verla?

2. ¿De qué manera describe la mujer de Proverbios 31 a una esposa en quien se puede confiar?

3. A la luz de cómo se abordó este tema en el capítulo 9, ¿estás de acuerdo en que todas las mujeres están llamadas a ser amas de casa? ¿Por qué sí o por qué no?

4. La mujer de Proverbios 31 se presenta activa desde antes del amanecer hasta mucho después de la puesta del sol. No estamos destinadas a tomarlo de forma literal para nuestra vida, ¡de todos modos, no podríamos! No obstante, ¿qué cambios podemos hacer en nuestra vida para cumplir mejor el mandato de Pablo en Efesios 5:15-16: "Mirad, pues, con diligencia cómo andéis, no como necios sino como sabios, aprovechando bien el tiempo, porque los días son malos"?

❀ 5. Lee las historias de las esposas que se mencionan en las Escrituras (enumeradas a continuación). Menciona ejemplos concretos de cómo se comparan y contrastan con la esposa ideal de Proverbios 31.

- Rebeca (Gn. 25:19-27; 27:1-35)
- Abigail (1 S. 25:1-42)
- Mical (2 S. 6:16-23)
- Jezabel (1 R. 21:1-16)
- Safira (Hch. 5:1-10)
- Priscila (Hch. 18:1-27)

6. Menciona o describe todas las formas en que la mujer de Proverbios 31 se presenta como quien cuida de los demás.

7. ¿Cuál es tu opinión de las madres que trabajan fuera del hogar? ¿La mujer de Proverbios 31 influye en tu punto de vista? ¿Qué vemos en el poema que hizo que sus esfuerzos comerciales fueran piadosos y no pecaminosamente egoístas?

8. ¿Qué podemos aprender de la mujer de Proverbios 31 sobre el valor de la apariencia personal de una mujer? ¿Qué hace que un esfuerzo por parecer atractiva sea piadoso o mundano?

9. ¿Cuál es el significado de las telas que encontramos en el poema?

10. La mujer de Proverbios 31 se representa llena de confianza (vv. 21, 25). ¿Cuál es la base de su confianza?

APÉNDICE

Algunos temas de Proverbios

Abominación al Señor
3:32; 6:16-19; 11:1, 20; 12:22; 15:8-9, 26; 16:5; 17:15; 20:10; 20:23; 21:27; 28:9

Adulterio
5:1-23; 6:23-24; 7:1-27; 23:27; 27:13; 30:20

Alcohol
20:1; 23:29-35; 26:9-10; 31:4-7

Alegría
10:28; 12:20; 14:10, 13; 15:21, 23; 17:21

Altivez
6:17-18; 18:12; 21:4, 24

Amistad
13:20; 14:20; 16:28; 17:9, 17; 18:24; 19:4, 6, 7; 22:11, 24; 27:6, 9, 10

Amor
3:12; 5:19; 8:17, 21, 36; 9:8; 10:12; 13:24; 14:22; 15:9, 17; 16:6, 13; 17:9, 17; 19:8, 22; 20:6, 28; 27:5

Belleza
11:22; 31:30

Burladores
1:22; 9:7-8; 13:1; 14:6; 15:12; 19:25, 29; 21:11, 24; 22:10; 24:9; 29:8

Calumnia
10:18; 11:13; 20:19; 30:10

Chisme
16:28; 17:9; 18:8; 26:20, 22

Codicia
1:19; 3:28; 11:24; 15:27; 28:25; 30:15

Confianza
3:5; 11:13; 16:20; 21:22; 22:19; 28:25-26; 29:25

Consejo
15:22; 20:18; 21:30; 27:9

Corazón
2:2; 3:3, 5; 4:4, 21, 23; 5:12; 6:14, 18, 21, 25; 7:3, 10, 25; 10:8, 20; 11:20, 29; 12:20, 23, 25; 13:12; 14:10, 13, 14, 30, 33; 15:13, 14, 15, 28, 30; 16:1, 5, 9, 21, 23; 17:20, 22; 18:12, 15; 19:3; 20:5, 9; 21:2, 4; 22:11, 15, 17; 23:12, 15, 17, 19, 26; 24:12; 25:20; 26:23, 24, 25; 27:9, 19; 28:14; 29:17; 31:11

Deseo
10:24; 11:23; 13:2, 12, 19; 18:1; 19:2; 21:10, 25; 23:3; 24:1

Disciplina
3:11; 5:12, 23; 6:23; 12:1; 13:24; 15:10; 19:18; 22:15; 23:13; 29:17

Envidia
14:30; 23:17; 24:1, 19

Esperanza
11:7; 13:12; 19:18; 23:18; 24:14; 26:12; 29:20

ALGUNOS BUENOS LIBROS PARA MUJERES SABIAS

Boice, James Montgomery. *Romans*, 4 vols. Grand Rapids, MI: Baker, 1995.

Bridges, Jerry. *La disciplina de la gracia: El rol de Dios y el nuestro en la búsqueda de la santidad*. Bogotá: CLC, 2004.

__________. *The Gospel for Real Life: Turn to the Liberating Power of the Cross... Every Day*. Colorado Springs, CO: NavPress, 2003.

__________. *Confiando en Dios aunque la vida duela*. Bogotá: CLC, 2007.

Burroughs, Jeremiah. *El contentamiento cristiano... Una joya rara*. Graham, NC: Publicaciones Faro de Gracia: 2020.

Challies, Tim. *Discernimiento: Una disciplina práctica y espiritual*. Miami, FL: Editorial Unilit, 2013.

Chapell, Bryan. *Holiness by Grace: Delighting in the Joy That Is Our Strength*. Wheaton, IL: Crossway, 2003.

DeMoss Wolgemuth, Nancy. *Quebrantamiento: El corazón avivado por Dios*. Grand Rapids, MI: Editorial Portavoz, 2006.

__________. *Rendición: El corazón en paz con Dios*. Grand Rapids, MI: Editorial Portavoz, 2006.

__________. *Santidad: El corazón purificado por Dios*. Grand Rapids, MI: Editorial Portavoz, 2007.

Elliot, Elisabeth. *Discipline: The Glad Surrender*. Grand Rapids, MI: Revell, 1985.

Ferguson, Sinclair. *Discovering God's Will*. Carlisle, PA: Banner of Truth, 1982.

Fitzpatrick, Elyse. *Ídolos del corazón: Aprendiendo a anhelar solo a Dios*. Medellín: Poiema Publicaciones, 2013.

__________. *Love to Eat, Hate to Eat: Breaking the Bondage of Destructive Eating Habits*. Eugene, OR: Harvest, 2004.

__________. *Porque Él me ama: Cómo Cristo transforma nuestra identidad*. Medellín: Poiema Publicaciones, 2018.

Fitzpatrick, Elyse, y Carol Cornish, eds. *Mujeres aconsejando mujeres: Una guía bíblica para los problemas enfrentados por mujeres*. Graham, NC: Publicaciones Faro de Gracia, 2014.

Guinness, Os. *El llamamiento: Cómo hallar y cumplir el propósito esencial de tu vida*. Barcelona: Publicaciones Andamio, 2017.

Guthrie, Nancy. *The Wisdom of God: Seeing Jesus in the Psalms and Wisdom Books*. Wheaton, IL: Crossway, 2012.

Horton, Michael. *Christless Christianity: The Alternative Gospel of the American Church*. Grand Rapids, MI: Baker, 2008.

Hughes, Barbara. *Las disciplinas de una mujer piadosa*. Miami, FL: Editorial Patmos, 2015.

Lane, Timothy S. y Paul David Tripp. *Cómo cambia la gente*. Greensboro, NC: New Growth Press, 2010.

Lloyd-Jones, Martyn. *Depresión espiritual: Sus causas y su cura*. Grand Rapids, MI: Libros Desafío, 1995.

Lundgaard, Kris. *The Enemy Within: Straight Talk about the Power and Defeat of Sin*. Phillipsburg, NJ: P&R, 1998.

Mack, Wayne A. *La humildad: La virtud olvidada*. Moral de Calatrava: Editorial Peregrino 2022.

Matzat, Don. *Christ Esteem: Where the Search for Self-Esteem Ends*. Eugene, OR: Harvest, 1990.

Moore, Russell. *La tentación y el triunfo de Cristo*. Grand Rapìds, MI: Editorial Portavoz, 2020.

Nielson, Kathleen, *Proverbs: The Ways of Wisdom*. Phillipsburg, NJ: P&R, 2007.

Packer, J. I. *Hacia el conocimiento de Dios*. Miami, FL: Logoi, 1979.

__________. *Los planes de Dios para su vida*. Miami, FL: Editorial Patmos, 2004.

Pink, A. W. *Cristianismo práctico*. Graham, NC: Publicaciones Faro de Gracia, 2021.

Piper, John. *No desperdicies tu vida*. Grand Rapids, MI: Editorial Portavoz, 2011.

Smart, Dominic. *When We Get It Wrong: Peter, Christ and Our Path Through Failure*. Authentic Publishing, 2005.

Welch, Edward T. *Cuando la gente es grande y Dios es pequeño: Cómo vencer las presiones sociales, la codependencia y el temor al hombre*. Medellín: Poiema Publicaciones, 2022.

ÍNDICE DE LAS ESCRITURAS

Eclesiastés

Isaías

Jeremías

Ezequiel

Oseas

Joel

Mateo

Marcos

Lucas

Juan

OTRAS OBRAS DE LA AUTORA:

NUESTRA VISIÓN

Maximizar el efecto de recursos cristianos de calidad que transforman vidas.

NUESTRA MISIÓN

Desarrollar y distribuir productos de calidad —con integridad y excelencia—, desde una perspectiva bíblica y confiable, que animen a las personas a conocer y servir a Jesucristo.

NUESTROS VALORES

Nuestros valores se encuentran fundamentados en la Biblia, fuente de toda verdad para hoy y para siempre. Nosotros ponemos en práctica estas verdades bíblicas como fundamento para las decisiones, normas y productos de nuestra compañía.

Valoramos la excelencia y la calidad
Valoramos la integridad y la confianza
Valoramos el mérito y la dignidad de los individuos y las relaciones
Valoramos el servicio
Valoramos la administración de los recursos